JN394628

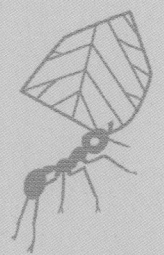
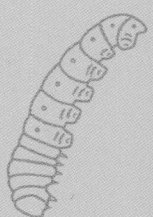

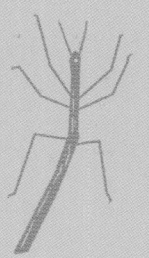

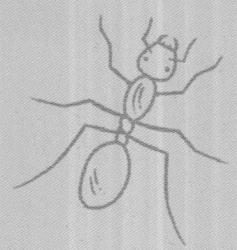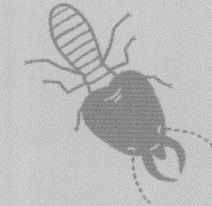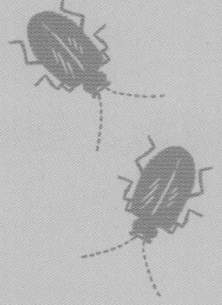

초등학생을 위한 지식습관 ⑦

곤충 30
INSECTS

글 애나 클레이본
어린이 정보책 작가로, ASE 올해의 책, 『셰익스피어의 세계』로 TES 성인 정보서 상을 받았다. 우리나라에 소개된 『참 신기한 변화 이야기』, 『참 쉬운 진화 이야기』, 『지구 행성 백과사전』, 『지구에서 가장 위험한 것 100가지』를 비롯하여 과학과 자연을 주제로 많은 책을 출간했다.

그림 웨슬리 로빈스
킹스턴 대학교를 졸업했으며 맥밀런 아동도서 삽화 상, 킹스턴 리포티지 상을 수상했다. 그래픽 노블인 『Ascent』의 출간을 시작으로 『30초 만에 보는 위대한 미술』, 『동물 위장술의 비밀』 등 많은 책의 일러스트 작업을 했다. 영국 런던에서 일러스트레이터이자 디자이너로 활동하고 있다.

옮김 김은영
서울대학교 자연과학부에서 지구시스템과학을 전공하고 동대학원에서 고생물학을 공부했다. 지금은 과학을 쉽고 재미있게 전달하기 위해 책을 쓰고 번역하고 있다. 쓴 책으로는 『미션키트맨 2』가 있고, 『과학 없는 과학』, 『세상을 바꾼 수학』, 『지식이 번쩍! Creativity Book_깜짝 발명』, 『진짜 진짜 재밌는 과학 그림책』, 『뱅! 어느 날 점 하나가』 등을 번역했다.

감수 이정모
국립과천과학관 관장으로 연세대학교 생화학과를 졸업하고, 같은 학교 대학원에서 석사학위를 받았다. 서대문자연사박물관 관장, 서울시립과학관 관장으로 재직하였으며 2019년 과학의 대중화에 기여한 공로로 과학기술훈장 진보장을 받았다.
지은 책으로 『저도 과학은 어렵습니다만』, 『과학자를 울린 과학책』(공저), 『공생 멸종 진화』, 『바이블 사이언스』, 『달력과 권력』, 『그리스 로마 신화 사이언스』, 『삼국지 사이언스』(공저), 『과학하고 앉아 있네 1』(공저), 『해리포터 사이언스』(공저) 외 다수가 있고 옮긴 책으로 『인간 이력서』, 『매드 사이언스 북』, 『모두를 위한 물리학』 외 다수가 있다.

초등학생을 위한 지식습관 ⑦

곤충30
INSECTS

글 애나 클레이본 | 그림 웨슬리 로빈스 | 옮김 김은영 | 감수 이정모

차례

우리와 함께 살고 있는 곤충 6

곤충의 몸 8
1 몸의 구조 12
2 마디마디 다리 14
3 외골격 16
4 곤충의 날개 18
5 곤충의 눈 20

곤충의 한살이 22
6 짝을 찾아서 26
7 부화 28
8 한살이 30
9 애벌레로 오래 지내요 32
10 부모가 돌봐요 34

곤충의 먹이 36
11 식물을 먹어요 40
12 사나운 사냥꾼들 42
13 청소동물 44
14 농사짓는 곤충들 46
15 똥을 먹어요! 48
16 위장을 해요 50
17 사람의 피를 먹어요! 52

곤충의 집 54
18 식물에서 살아요 58
19 땅속에서 살아요 60
20 집을 지어요 62
21 물에서 살아요 64
22 사람과 함께 살아요 66

공동체 생활 68
23 사회성 곤충 72
24 개미와 개미집 74
25 꿀벌과 벌집 76
26 말벌의 집 78
27 흰개미 탑 80

곤충과 인간 82
28 해로운 곤충 86
29 위험한 곤충 88
30 이로운 곤충 90

지식 플러스
우리나라에서 볼 수 있는 곤충들 92

우리와 함께 살고 있는 곤충

지구상에는 엄청나게 많은 사람이 살고 있습니다. 하지만 곤충은 지구에 사는 모든 사람의 수를 합친 것보다 수백만 배의 수백만 배의 수백만 배 더 많습니다!

사람은 딱 한 종밖에 없지만 곤충은 100만 종이 넘게 있기 때문입니다. 딱정벌레만 해도 무려 40만 종이나 있습니다! 게다가 과학자들은 해마다 수백 종의 새로운 곤충을 발견하고 이름을 붙여 줍니다. 그러니까 우리가 주변에서 곤충을 보게 되는 건 자연스러운 일입니다. 부엌에서 붕붕거리는 파리, 정원이나 공원에서 하늘하늘 날아다니는 나비, 찬장 구석에 숨어 있는 바퀴벌레까지 어디에서나 곤충을 볼 수 있습니다.

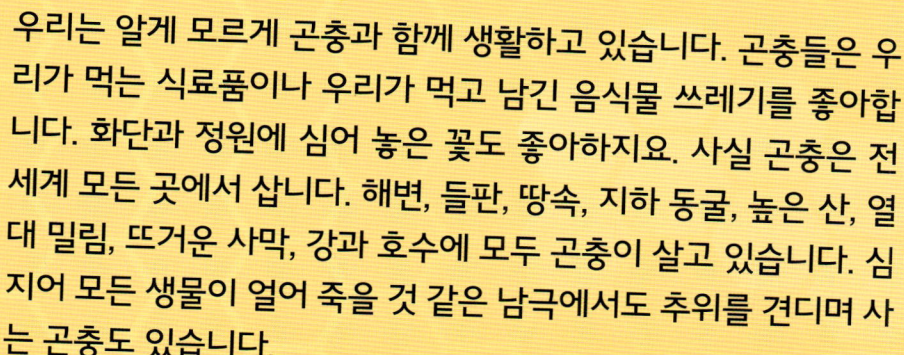

우리는 알게 모르게 곤충과 함께 생활하고 있습니다. 곤충들은 우리가 먹는 식료품이나 우리가 먹고 남긴 음식물 쓰레기를 좋아합니다. 화단과 정원에 심어 놓은 꽃도 좋아하지요. 사실 곤충은 전 세계 모든 곳에서 삽니다. 해변, 들판, 땅속, 지하 동굴, 높은 산, 열대 밀림, 뜨거운 사막, 강과 호수에 모두 곤충이 살고 있습니다. 심지어 모든 생물이 얼어 죽을 것 같은 남극에서도 추위를 견디며 사는 곤충도 있습니다.

곤충은 인간에게 매우 중요한 동물로, 우리의 삶에 아주 많은 영향을 미치고 있습니다. 물론 사람에게 감염병을 퍼뜨리거나 농작물과 식료품을 먹어 치우기도 하지만 곤충이 주는 좋은 점도 많습니다. 예를 들어 벌은 꽃가루를 옮겨서 열매와 씨앗을 맺게 해줄 뿐만 아니라, 꿀과 밀랍을 사람에게 줍니다. 실제로 곤충이 없다면 우리의 삶은 아주 달랐을 것입니다.

이 책의 30가지 주제는 한눈에 내용을 이해할 수 있도록 구성되어 있습니다. 한줄요약을 읽고, 다양한 실험들도 해 보세요. 멋진 곤충들에 대해 더 많은 것을 알게 될 겁니다.

곤충의 몸

곤충의 모양과 크기, 생김새는 매우 다양하지만 몸의 기본 구조는 머리와 가슴, 배 세 부분으로 되어 있습니다. 그리고 여섯 개의 다리와 두 개의 더듬이가 있습니다. 곤충 중에는 한 쌍이나 두 쌍의 날개가 달린 곤충도 있습니다. 곤충의 몸집은 작은 편이지만, 몸집이 큰 종도 간혹 있습니다.

곤충의 몸
읽기 전에 알아두기

가슴(흉부) 곤충 몸의 중간 부분. 다리와 날개가 달렸다.

겹눈 작은 눈 여러 개로 나뉘는 눈. 작은 눈 하나는 각각 하나의 풍경만을 보고, 곤충의 뇌는 이 풍경들을 합쳐서 큰 그림을 그려 낸다.

기문 곤충의 외골격에 있는, 공기가 드나드는 작은 구멍. 기문을 통해 곤충의 장기로 산소가 전달돼서 곤충이 살 수 있다.

날개맥(시맥) 곤충의 날개에 무늬처럼 갈라져 있는 맥. 번데기 시기에 체액이 흐르고 기관과 신경이 분포하여 대사 기능을 담당한다. 곤충 분류의 중요한 기준이 된다.

더듬이 곤충의 머리에 달린 한 쌍의 감각 기관.

머리(두부) 더듬이, 눈, 입이 있는 곤충 몸의 가장 앞부분.

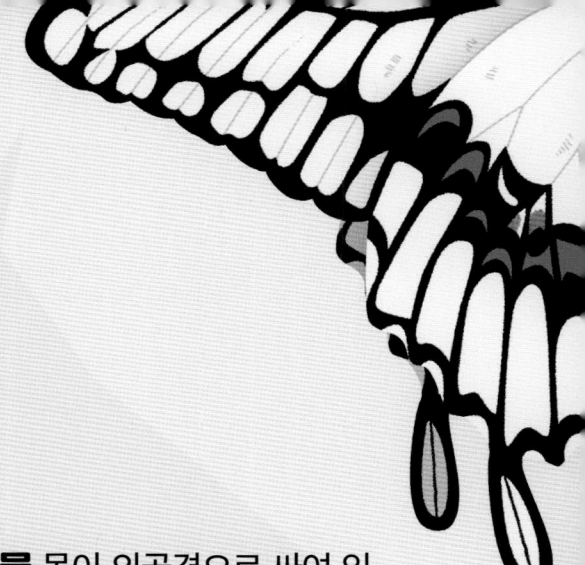

배(복부) 곤충 몸의 끝부분. 대부분 몸에서 가장 크며, 심장과 같은 중요한 장기가 들어 있다.

앞날개 무당벌레 또는 다른 딱정벌레의 섬세한 뒷날개와 가슴을 덮어 보호하는 단단한 바깥 날개.

애벌레 알에서 나온 후 아직 다 자라지 않은 벌레. 어미와 생김새가 다르다.

외골격 곤충의 부드러운 몸을 보호해 주는 바깥쪽의 딱딱하고 튼튼한 껍데기.

절지동물 몸이 외골격으로 싸여 있고 몸이 여러 부분으로 나뉘며 다리에 마디가 있는 동물의 학명. 곤충, 거미, 게는 모두 절지동물이다.

키틴질 곤충의 외골격을 이루는 단단한 물질. 두껍고 뻣뻣할 수도 있고, 얇고 부드러울 수도 있다.

포식자 먹이를 얻기 위하여 다른 동물을 잡아먹는 동물.

홑눈 하나의 눈으로 이루어진 곤충의 또 다른 눈. 빛과 어둠만 구별할 수 있다.

한눈에 보는 지식
1 몸의 구조

곤충을 다른 동물과 구별하는 가장 좋은 방법은 다리의 개수를 세는 것입니다. 다 자란 곤충은 여섯 개의 다리와 두 개의 더듬이가 있으며, 몸은 세 마디로 나뉘어 있습니다. 어린 곤충인 애벌레는 어른벌레인 성충과 생김새가 전혀 다릅니다.

동물의 다리 개수를 세어 보면, 다리가 많은 다른 동물과 곤충의 차이점을 알 수 있습니다. 예를 들면 거미, 전갈, 응애, 진드기 같은 동물은 다리가 여덟 개고, 지네와 노래기 같은 동물은 다리가 아주 많습니다.

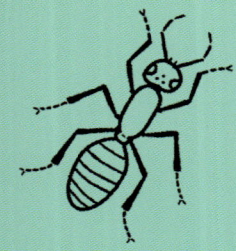

곤충의 몸은 머리, 가슴, 배 부분으로 나뉘어 있습니다. 눈, 입, 더듬이는 머리에 있습니다. 세 쌍의 다리와 날개는 가슴에 붙었고요. 물론 날개가 없는 곤충도 있습니다. 배는 보통 몸에서 가장 큰 부분입니다. 배 안에는 위와 장 같은 여러 장기가 들어 있습니다.

곤충은 머리에 있는 더듬이로 공기 속에서 냄새를 맡습니다. 개미는 서로를 더듬이로 건드리며 말을 걸기도 합니다. 더듬이의 생김새는 가늘고 긴 것부터 짧고 뭉툭한 것, 숟가락처럼 오목한 것, 톱니처럼 꺼끌꺼끌한 것, 깃털처럼 생긴 것까지 다양합니다.

한줄요약
곤충의 몸은 세 마디로 나뉘어 있으며, 다리는 여섯 개입니다.

곤충일까, 아닐까?
다음 동물 가운데 곤충과 곤충이 아닌 것은 각각 무엇일까요? 곤충이면 ○, 곤충이 아니면 × 하세요. 다리의 개수를 확인해 보면 알 수 있어요.

- 모기 (　　) · 타란툴라 (　　) · 반딧불이 (　　)
- 달팽이 (　　) · 집먼지 진드기 (　　) · 벼룩 (　　)
- 나방 (　　) · 전갈 (　　) · 쥐며느리 (　　)

정답은 95쪽에 있습니다.

한눈에 보는 지식
2 마디마디 다리

곤충은 절지동물에 속합니다. 절지동물은 '다리가 여러 마디로 나뉜 동물'이라는 뜻이지요. 거미, 지네, 게, 바닷가재도 모두 절지동물입니다.

곤충의 다리에 있는 여러 마디는 관절로 이어져 있습니다. 곤충의 관절도 사람의 팔다리처럼 다리를 구부리고 움직일 수 있게 해 줍니다. 하지만 곤충의 다리는 사람과 달리 뼈가 없이 근육으로만 이루어져 있습니다. 그 대신 사람의 손발톱을 이루는 성분인 키틴질이 다리를 튼튼하게 합니다.

곤충의 다리 근육은 곤충이 자유롭게 걷고 달리고 뛰어오를 수 있도록 해 줍니다. 곤충 중에서 가장 빨리 달리는 달리기 챔피언은 딱정벌레의 한 종류인 참뜰길앞잡이입니다. 시속 9km로 달릴 수 있습니다. 이 딱정벌레의 크기는 겨우 2cm밖에 안 되기 때문에 1초마다 자기 몸길이의 125배나 되는 거리를 달려가는 셈이지요. 사람이 이만큼 움직이려면 날아가는 초대형 여객기만큼 빨리 달려야 합니다!

곤충은 새나 도마뱀과 같은 굶주린 포식자와 싸우다가 다리를 잃기도 합니다. 그런데 바퀴벌레나 사마귀 같은 곤충은 다리를 잃어도 새로운 다리가 다시 자랍니다.

한줄요약
곤충의 다리는 여러 마디로 나뉘어 있어서 구부리고 움직일 수 있습니다.

다리 조사하기!
인터넷이나 백과 사전에서 거미, 집게벌레, 파리, 나비의 사진을 찾습니다. 각각의 다리 개수가 몇 개인지 세어 보고, 다리마다 몇 개의 마디가 있는지 세어 보세요.

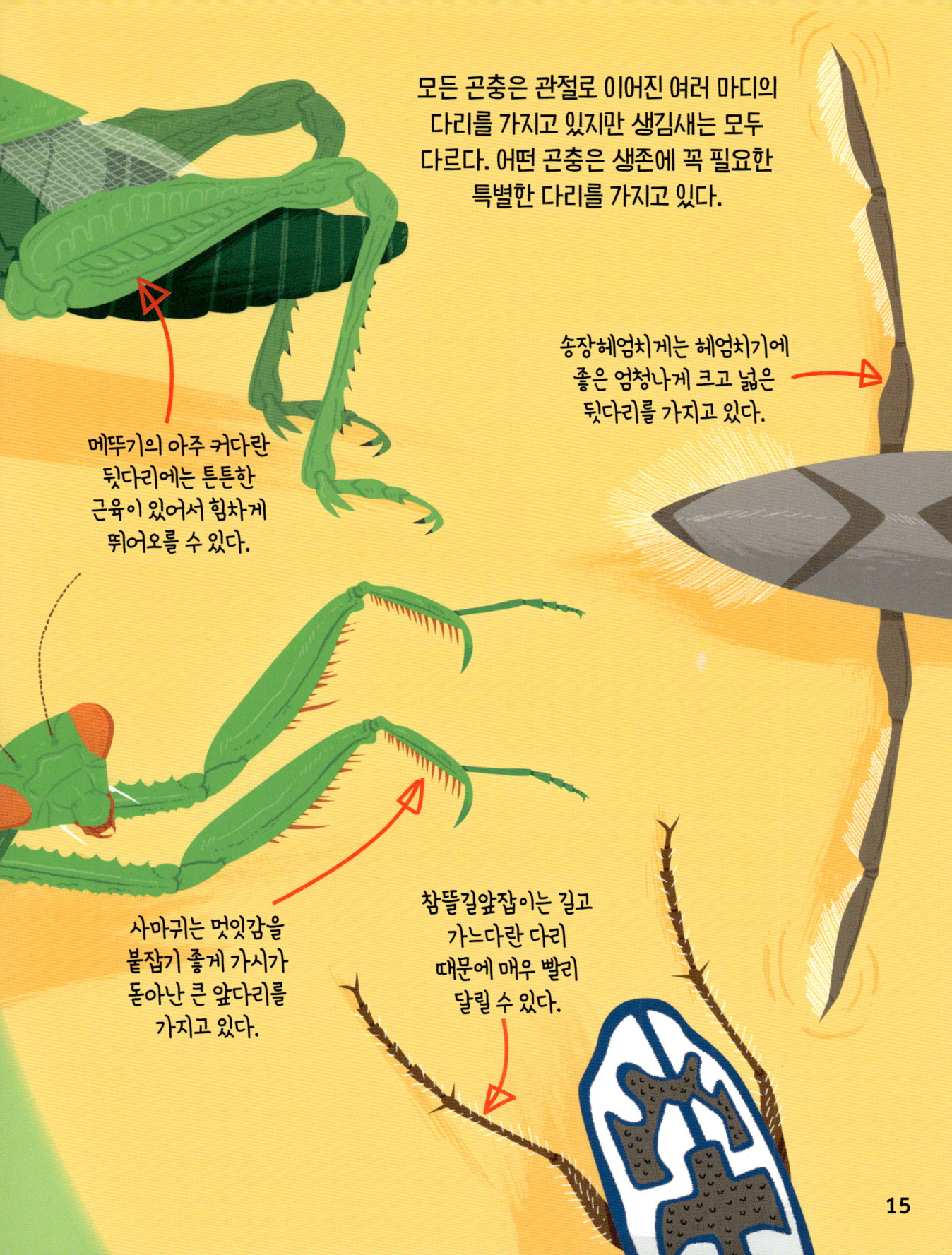

모든 곤충은 관절로 이어진 여러 마디의 다리를 가지고 있지만 생김새는 모두 다르다. 어떤 곤충은 생존에 꼭 필요한 특별한 다리를 가지고 있다.

송장헤엄치게는 헤엄치기에 좋은 엄청나게 크고 넓은 뒷다리를 가지고 있다.

메뚜기의 아주 커다란 뒷다리에는 튼튼한 근육이 있어서 힘차게 뛰어오를 수 있다.

사마귀는 멋잇감을 붙잡기 좋게 가시가 돋아난 큰 앞다리를 가지고 있다.

참뜰길앞잡이는 길고 가느다란 다리 때문에 매우 빨리 달릴 수 있다.

한눈에 보는 지식
3 외골격

사람의 몸은 튼튼하고 단단한 뼈들이 지탱하고 있습니다. 이렇게 서로 연결되어 있는 기본 뼈대를 골격이라고 합니다. 하지만 곤충의 몸속에는 골격이 없습니다. 그렇다면 곤충은 어떻게 몸을 지탱할까요?

곤충의 골격은 몸 바깥쪽에 있으며 외골격이라고 합니다. 튼튼한 외골격은 곤충의 몸을 둘러싸서 보호합니다. 외골격은 키틴질로 이루어져 있는데, 키틴질은 단단하면서도 부드러운 플라스틱과 비슷합니다. 딱정벌레의 껍데기처럼 두껍고 단단해질 수도 있고, 반대로 아주 가늘고 잘 휘어질 수도 있습니다. 그 덕분에 곤충은 꿈틀거리거나 주변을 돌아다닐 수 있답니다.

곤충의 외골격은 곤충의 생김새를 유지해 주고, 적의 공격으로부터 몸을 보호하며, 몸속 수분이 마르지 않도록 지킵니다. 곤충은 공기가 드나드는 기문이라고 하는 작은 구멍으로 산소를 마십니다.

외골격의 색과 무늬는 정말로 다양합니다. 선명하고 밝은색을 띤 곤충을 보면 포식자들은 독이 있다고 생각해서 겁을 먹습니다. 수수하고 흐릿한 색을 띤 곤충은 주변 환경과 비슷해 포식자의 눈에 잘 띄지 않습니다. 어떤 곤충은 몸이 다 자라기 전까지 계속 외골격을 벗습니다. 외골격 아래 있던 부드러운 껍질은 마르면서 단단해지고 더 큰 새로운 외골격으로 바뀝니다.

한줄요약
곤충의 외골격은 몸을 유지하고 보호하는 튼튼한 껍데기입니다.

조약돌 딱정벌레

준비물 딱정벌레처럼 생긴 타원형 조약돌, 유성 매직 또는 유성 물감, 도와줄 친구

실험 방법
① 조약돌에 점무늬, 줄무늬 또는 다른 무늬를 그려 넣고 색칠하세요.
② 풀밭이나 나무줄기에 조약돌을 숨겨 보세요.
③ 친구와 함께 조약돌 딱정벌레 찾기 놀이를 해 보세요.
→ 어떤 조약돌 딱정벌레가 더 찾기 어려운가요?

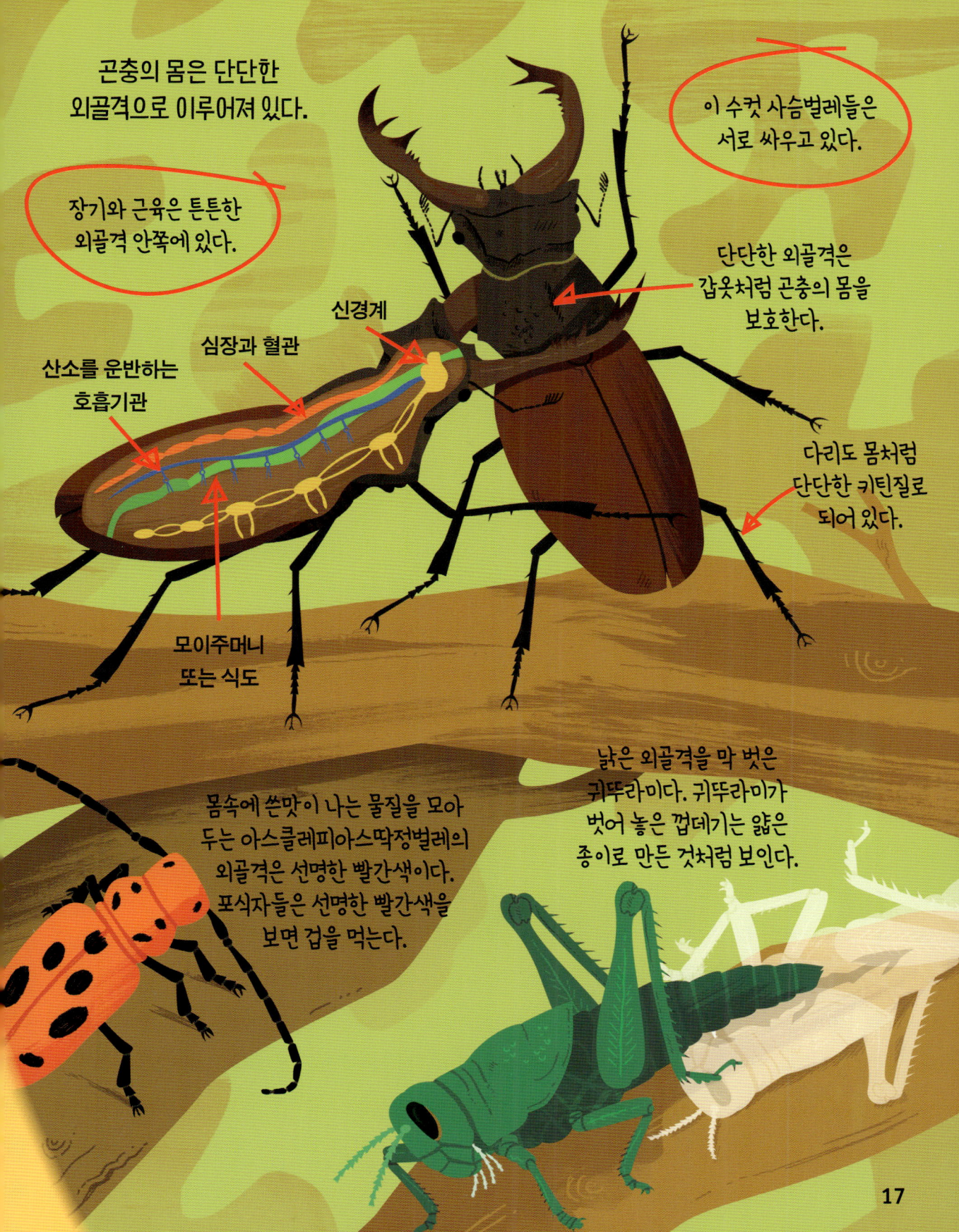

한눈에 보는 지식
4 곤충의 날개

곤충의 날개는 외골격 겉에서 자라는데, 외골격과 같은 물질인 키틴질로 이루어져 있습니다. 곤충은 외골격과 연결된 근육 덕분에 날개를 파닥여 하늘을 날 수 있습니다.

어떤 곤충의 날개는 투명해 보일 정도로 굉장히 얇습니다. 하지만 날개를 자세히 보면 날개맥이 이리저리 얽혀 있습니다. 나비와 나방의 날개는 날개맥 말고도 아주 작은 비늘들로 덮여 있습니다. 이 비늘이 날개의 색깔과 무늬를 만듭니다.

벌, 말벌, 하루살이, 잠자리, 딱정벌레를 비롯한 날아다니는 대부분의 곤충은 날개가 두 쌍, 즉 네 개가 있습니다. 딱정벌레의 겉에 있는 딱딱한 날개를 앞날개라고 합니다. 앞날개는 밑에 접혀져 있는 약한 뒷날개를 보호합니다.

곤충이 애벌레일 때는 날개가 없습니다. 어떤 곤충은 다 자란 뒤에도 날개가 없습니다. 예를 들어, 벼룩은 굉장히 높이 뛸 수 있어서 날개가 필요 없습니다. 날개가 없는 좀은 매우 빨리 달릴 수 있고, 어두운 구석에 가만히 숨어 있습니다. 또 어떤 곤충은 필요할 때만 날개가 생깁니다. 예를 들어, 진딧물은 먹이가 부족해지면, 날개가 생겨 새로운 터전으로 날아갑니다.

한줄요약
곤충의 날개는 외골격과 같은 키틴질로 이루어져 있습니다.

부우우우우웅!
여러분은 팔을 얼마나 빨리 파닥거릴 수 있나요? 곤충이 내는 붕붕 소리는 날개를 엄청나게 빨리 파닥거릴 때 나는 소리입니다. 집파리와 꿀벌은 1초에 200번이나 날개를 파닥거립니다. 그런데 이보다 더 빨리 날개를 움직이는 곤충도 있습니다. 깔따구의 한 종은 무려 1초에 1,040번이나 날개를 파닥거릴 수 있습니다!

한눈에 보는 지식
5 곤충의 눈

곤충의 눈은 사람과 아주 다릅니다. 곤충의 눈은 크게 겹눈과 홑눈으로 나눌 수 있습니다. 대부분의 곤충은 겹눈이거나 홑눈이지만, 겹눈과 홑눈을 모두 가진 곤충도 있습니다.

파리의 크고 툭 튀어나온 눈은 겹눈이라고 합니다. 겹눈은 작은 낱눈이 아주 많이 모여 생겼는데, 낱눈은 각각 한 부분씩만 봅니다. 곤충의 뇌는 낱눈이 본 부분들을 모아서 전체 모습을 그려 냅니다.

홑눈은 작고 단순한 모양입니다. 세상을 또렷하게 보진 못하지만, 빛과 어둠을 가려내는 데에 아주 뛰어납니다.

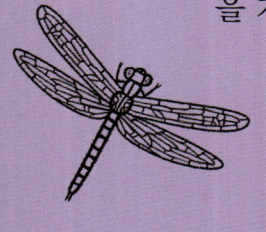

집게벌레의 머리에는 겹눈만 있습니다. 벼룩의 머리에는 홑눈만 있는데, 그중 일부는 머리 양쪽에 있지요. 말벌이나 개미 같은 곤충의 머리에는 2개의 큰 겹눈과 여러 개의 홑눈이 있습니다.

곤충들은 색을 보진 못합니다. 하지만 나비 같은 곤충은 밝은색을 볼 수 있어서 꽃을 쉽게 찾는답니다.

한줄요약
곤충은 겹눈을 가진 곤충, 홑눈을 가진 곤충, 겹눈과 홑눈을 모두 가진 곤충으로 나눌 수 있습니다.

파리 안경 만들기
준비물 연필, 뽁뽁이, 판지, 가위, 접착테이프

실험 방법
① 판지에 안경을 그리세요. 실제 안경을 따라 그려도 됩니다.
② 판지에서 안경 모양을 자르고, 안경 안쪽에 렌즈가 들어갈 구멍을 만드세요.
③ 뽁뽁이를 렌즈 모양으로 잘라 내 안경의 구멍 앞에 붙이세요.
④ 뽁뽁이 안경을 쓰고 세상을 보세요.
⋯ 어떻게 보이나요? 뽁뽁이로 만든 안경은 파리의 겹눈과 비슷합니다.

어떤 곤충은 수없이 많은 이미지를 모아서 세상을 본다. 이에 비해 빛과 어둠만 구별하는 곤충도 있다.

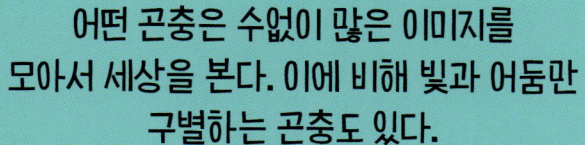

잠자리의 머리에는 커다란 겹눈이 있다. 겹눈은 먹잇감을 추적할 수 있을 정도로 시력이 매우 뛰어나다.

벼룩의 머리에는 한 쌍의 홑눈이 있다. 홑눈은 빛과 어둠만 구별할 수 있다.

겹눈

커다란 겹눈은 아주 작은 수많은 낱눈으로 이루어져 있다. 낱눈 하나는 물체의 한 부분만 보고 뇌로 전달한다.

홑눈

작은 홑눈은 수정체 하나로 이루어져 있다. 빛을 받아들이는 단순한 세포만 있다.

집게벌레의 머리에는 한 쌍의 홑눈이 있다.

개미나 말벌 같은 곤충의 머리에는 겹눈과 홑눈이 모두 있다.

곤충의 한살이

생물의 한살이는 각 생물이 자손을 낳아 종을 이어갈 수 있도록 합니다. 곤충의 한살이는 곤충이 알에서 깨어나 자라고 짝을 찾아 자손을 낳고 죽는 모든 과정을 말합니다. 많은 곤충이 한살이를 하면서 여러 단계를 거치는데, 단계마다 생김새가 완전히 다르답니다.

곤충의 한살이
읽기 전에 알아두기

더듬이 곤충의 머리에 달린 한 쌍의 감각 기관.

번데기 곤충의 한살이 중 애벌레가 성충으로 바뀌는 단계.

부화 동물의 알 속에서 새끼나 애벌레가 껍데기를 깨고 밖으로 나오는 것.

세포 생물의 몸을 이루는 작은 기본 단위. 모든 동식물은 세포로 이루어져 있다.

수액 나무나 식물 안에서 흐르는 액체.

애벌레 알에서 나온 후 아직 다 자라지 않은 벌레처럼 생긴 어린 곤충. 성충과는 생김새가 다르다.

야행성 밤에 활동하고 낮에 휴식하는 습성.

종 생물을 분류하는 가장 기본적 단위. 서로 짝짓기를 하고 번식할 수 있는 같은 종류의 동물 무리를 과학적으로 일컫는 말이다.

짝짓기 수컷과 암컷이 만나 번식하는 것.

탈바꿈 곤충이 자라는 동안 한 단계에서 다른 단계로 변하는 것. 변태라고도 한다.

탈피 곤충의 몸이 외골격보다 커져서 외골격을 벗는 과정. 안쪽에 있던 새롭고 더 큰 외골격이 낡은 외골격을 대신한다.

한살이 동식물이 살아가는 동안 거치는 변화 과정.

한눈에 보는 지식
6 짝을 찾아서

다른 동물들처럼 대부분의 곤충도 수컷과 암컷이 만나 짝짓기를 해야 자손을 낳을 수 있습니다. 수컷에게서 나온 세포와 암컷에게서 나온 세포가 만나 알을 만들고, 알 속에서 새로운 곤충이 자랍니다.

짝짓기를 하려면 같은 종의 수컷과 암컷이 서로를 찾아내야만 합니다. 냄새를 이용해 상대를 찾기도 합니다. 누에나방이나 큰공작나방 등의 수컷 나방은 2km 떨어져 있는 암컷을 찾아낼 수 있을 정도로 냄새를 잘 맡습니다. 수컷은 매우 커다란 깃털 같은 더듬이를 이용해 냄새를 맡습니다.

모르포나비의 날개 뒷면은 보호색을 띠고 있습니다. 보호색 덕분에 날개를 접은 채 앉아 있으면 눈에 잘 띄지 않습니다. 하지만 짝을 찾을 때는 날개 앞면의 밝은 푸른색을 뽐내며 날아다닙니다. 딱정벌레의 한 종류인 반딧불이는 같은 종류끼리 서로 알아차리기 쉽도록 몸에서 깜빡이는 빛으로, 다양한 방식으로 신호를 보냅니다.

매미의 수컷은 우렁찬 노래로 암컷을 유혹합니다. 수컷 매미는 나무에서 배 부분의 근육을 이용해 70데시벨이 넘는 큰 소리를 냅니다. 주변이 시끄러울수록 더 크게 소리를 내지요. 암컷은 가장 크게 우는 수컷에게 날아간답니다.

한줄요약
같은 종의 수컷과 암컷은 짝짓기를 하기 위해 여러 가지 방법으로 만납니다.

더워야 울어요!
매미는 곤충 중에서 가장 크게 웁니다. 바로 옆에서 소리를 들으면 귀가 먹먹할 정도랍니다! 매미는 맑고 더운 날에 주로 웁니다. 햇빛 때문에 몸이 따듯해지기 때문입니다. 너무 추울 때는 몸의 근육이 굳어 소리를 내기 어렵습니다.

수컷 반딧불이는 깜빡이는 빛으로 암컷을 유혹한다. 반딧불이의 종마다 빛을 내는 방식은 다르다.

이 반딧불이는 빛을 짧게 깜빡깜빡하다가, 빛이 꺼진 채 짧은 거리를 날다가를 되풀이한다.

이 반딧불이는 꽁무니에 빛을 밝힌 채 포물선을 그리다가 빛이 꺼지면 다시 위로 올라가는 것을 되풀이하면서 날아다닌다.

암컷 반딧불이는 수풀이나 나무에서 반짝이는 수컷들의 무리를 보다가 자신의 꽁무니에 빛을 밝혀 같은 종의 수컷에게 답한다.

반딧불이의 빛은 배마디 끝부분에서 나온다. 이곳에는 산소와 만나면 환한 빛을 내는 화학물질인 루시페린이 있다.

한눈에 보는 지식
7 부화

대부분의 곤충은 새, 도마뱀, 개구리처럼 알을 낳아서 자손을 퍼뜨립니다. 곤충의 새끼는 알의 껍데기를 깨고 세상 밖으로 나옵니다. 이것을 부화라고 합니다. 알에서 나온 새끼의 생김새는 다양합니다.

꿀벌, 집파리, 그리고 나비의 알에서는 애벌레가 나옵니다. 애벌레는 구더기라고도 부릅니다. 말랑말랑한 애벌레들은 부모와 전혀 다르게 생겼습니다. 애벌레는 열심히 먹고 쑥쑥 자라면서 탈바꿈 단계를 거쳐 성충이 됩니다. 탈바꿈은 변태라고도 합니다.

좀의 알에서 나온 애벌레는 이미 성충과 비슷한 모습입니다. 부모와 똑 닮았거나 거의 비슷합니다. 이 애벌레도 성충이 될 때까지 여러 단계를 거친답니다.

대부분의 곤충은 아주 작습니다. 당연히 알은 훨씬 더 작습니다! 그중에서도 집파리 종류가 가장 작은 알을 낳습니다. 1mm 너비 안에 50개의 알을 나란히 늘어놓을 수 있을 정도로 작답니다.

진딧물이나 체체파리 등은 알을 낳지 않고 바로 애벌레를 낳습니다. 애벌레를 낳는 곤충은 아주 적습니다.

한줄요약
거의 모든 곤충은 알을 낳는데, 여러 형태의 새끼들이 알에서 나옵니다.

곤충의 알 관찰하기

다음 곤충의 알들을 백과사전이나 인터넷에서 찾아보세요.
- 무당벌레의 알은 노랗고 길쭉한 타원형입니다. 여러 종류의 나뭇잎에 붙어 있습니다.
- 작은멋쟁이나비의 알은 작은 초록색 구슬처럼 생겼습니다. 주로 엉겅퀴나 쐐기풀의 잎에 붙어 있습니다.
- 개미는 알을 땅속에 낳습니다. 크림색의 타원형 알로, 한쪽 끝에 점이 있는 경우가 많습니다.

한눈에 보는 지식
8 한살이

나비는 알에서 애벌레와 번데기를 거쳐 성충이 됩니다. 이러한 나비의 한살이를 완전 탈바꿈이라고 합니다. 나비의 한살이는 곤충의 한살이 가운데 가장 많이 알려져 있습니다. 나비가 알을 낳아 성충이 되는 과정을 살펴볼까요?

가장 많이 볼 수 있는 배추흰나비는 배춧잎에 알을 낳습니다. 나비는 애벌레가 먹을 수 있는 식물에 알을 낳는데, 배추흰나비의 애벌레는 배춧잎을 먹기 때문입니다. 사흘이 지나면 알에서 약 4mm 정도의 애벌레가 나옵니다. 갓 나온 배추흰나비의 애벌레는 자신이 깨고 나온 알껍데기를 갉아 먹습니다. 그런 다음 배춧잎을 우적우적 먹어 대기 시작합니다.

한 달 동안 애벌레는 여러 번 허물을 벗으며 자랍니다. 다 자란 애벌레는 더 이상 먹지 않고 식물, 울타리, 벽 등 안전한 곳을 찾아다닙니다. 머물 곳이 정해지면 입에서 실을 내어 몸을 묶습니다. 그 뒤 몸의 껍데기를 벗고 번데기가 됩니다. 번데기의 껍데기는 딱딱하고 뾰족하며 초록색입니다.

번데기가 나비로 탈바꿈되는 데에는 약 11일이 걸립니다. 모든 준비가 끝나면 나비는 번데기를 찢고 밖으로 나옵니다. 갓 나온 나비의 날개는 구겨져 있고 젖어 있지만, 곧 날개가 단단해지면서 날 수 있게 됩니다.

한줄요약
나비는 알에서 애벌레, 번데기를 거쳐 성충이 되는 완전 탈바꿈을 합니다.

빛나는 금덩어리
중앙아메리카에 서식하는 몇몇 나비의 번데기는 반짝이는 금속처럼 생겼습니다. 언뜻 보면 금덩어리 같답니다.
나비 번데기를 뜻하는 영어 단어인 '크리서리스(chrysalis)'는 '황금의'라는 뜻입니다.

한눈에 보는 지식
9 애벌레로 오래 지내요

사람은 아이로 지내는 시간보다 어른으로 지내는 시간이 훨씬 길지만 곤충은 그렇지 않습니다. 곤충은 애벌레로 지내는 시간이 다 자란 성충으로 지내는 시간보다 훨씬 길답니다. 나비는 애벌레로 몇 달을 살지만 성충이 된 뒤에는 약 일주일 정도밖에 못 삽니다. 하루살이도 애벌레로 2년 동안 살지만 성충으로는 고작 하루나 이틀밖에 살지 못합니다.

북아메리카 숲에 사는 주기매미는 13년 매미와 17년 매미로 나눌 수 있습니다. 13년 매미는 13년을, 17년 매미는 17년을 굼벵이(매미의 애벌레)로 땅속에서 나무뿌리의 수액을 빨아 먹으며 삽니다.

주기매미는 13년이나 17년마다 굼벵이들이 한꺼번에 땅위로 올라와 성충으로 바뀝니다. 주기매미들은 몇 주 동안 나무의 수액의 빨고, 짝을 찾고, 나무에 알을 낳은 뒤에 죽습니다. 알에서 깨어난 굼벵이들은 땅속을 파고 들어가서 13년이나 17년 동안 자랍니다.

주기매미는 왜 13년이나 17년마다 한꺼번에 땅 위로 올라올까요? 학자들은 13과 17 같은 소수를 주기로 땅 위로 올라오면 두 종류의 매미들이 마주칠 기회가 거의 일어나지 않기 때문이라고 합니다. 13년 매미와 17년 매미가 땅 위에서 마주치려면 무려 221년이 걸립니다. 그래서 13년 매미와 17년 매미는 짝짓기할 때 자신과 같은 종류를 찾기도 쉽고, 먹이를 두고 서로 다투지 않아도 된답니다.

한줄요약
많은 곤충은 애벌레로 사는 기간이 성충으로 사는 기간보다 훨씬 깁니다.

소수 찾기
주기매미의 두 주기인 13과 17은 모두 소수입니다. 소수는 1과 자신만으로 나눠지는 수랍니다.
1부터 30 사이에 있는 모든 소수를 찾아 써 보세요. 참, 1은 소수가 아니라는 점은 꼭 기억하세요.
몇 개나 찾을 수 있나요?

정답은 95쪽에 있습니다.

주기매미의 한살이는 아주 길다. 17년 매미는 17년 동안 굼벵이로 땅속에서 산다.

수컷 매미는 암컷을 유혹하려고 큰 울음소리를 낸다. 둘은 짝짓기를 한다.

암컷은 나뭇가지에 알을 낳는다.

허물을 갓 벗은 성충은 하얗지만 며칠이 지나면 색이 진해진다.

부화한 굼벵이는 땅으로 떨어져 땅속으로 파고 들어간다.

굼벵이들은 밖으로 나와 나무나 덤불을 타고 오른 뒤 허물을 벗고 성충이 된다.

굼벵이는 땅 속에서 17년 동안 5단계를 거친다.

17년이 지난 뒤, 봄이 되면 굼벵이 떼는 한꺼번에 땅 위로 올라온다.

33

한눈에 보는 지식
10 부모가 돌봐요

개미, 꿀벌, 흰개미 같은 사회성 곤충은 무리를 지어서 삽니다. 사회성 곤충은 함께 애벌레를 돌보고 먹이를 주며 키웁니다. 하지만 알을 낳는 여왕벌이나 여왕개미는 애벌레를 직접 돌보지 않습니다. 애벌레를 돌보는 일은 일벌, 일개미의 몫입니다.

사회성 곤충과 달리 대부분의 곤충은 새끼를 돌보지 않습니다. 자신이 고른 장소에 알을 낳고는 떠나 버립니다. 알에서 부화한 애벌레들은 자신을 스스로 지키고 먹이도 알아서 찾아야 한답니다.

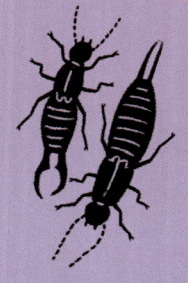

집게벌레와 같은 몇몇 곤충은 새끼를 직접 돌봅니다. 가을에 짝짓기를 마친 집게벌레 한 쌍은 굴을 팝니다. 그러고선 수컷은 떠나고, 암컷은 50여 개의 알을 낳지요. 겨울 동안 암컷은 굴속에 머무르면서 마치 새처럼 알을 보호하고 온도를 조절한답니다.

봄에 애벌레가 부화하면 암컷은 애벌레를 보호하고, 애벌레에게 먹이를 먹입니다. 애벌레는 두 번 허물을 벗은 뒤에야 둥지를 벗어나 혼자 힘으로 살아갑니다.

밤에 활동하는 집게벌레는 밖에 있는 것을 더 좋아합니다. 식물이나 작은 곤충을 잡아서 먹습니다.

한줄요약
대부분의 곤충은 애벌레를 돌보지 않지만 벌, 개미 등의 사회성 곤충과 집게벌레 같은 몇몇 곤충은 애벌레를 돌봅니다.

날개는 어디 있을까?
인터넷에서 집게벌레 사진을 찾아보세요. 아니면 오른쪽의 그림을 봐도 됩니다. 집게벌레의 '날개'를 찾을 수 있나요? 언뜻 보기엔 날개가 없어 보이지만, 사실 집게벌레의 등에는 작게 접힌 날개가 있습니다. 활짝 편 날개는 마치 나비나 나방의 날개처럼 크고 멋지답니다.

암컷 집게벌레는 짝을 찾아 굴을 파고 알을 낳아 안전하게 지키며 부화한 애벌레를 보호하고 먹이를 먹인답니다.

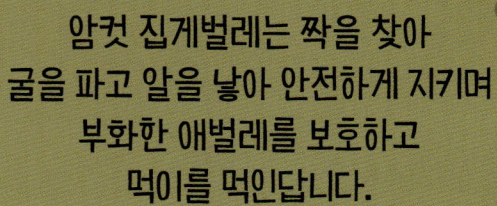

수컷 집게벌레와 암컷 집게벌레는 가을에 짝짓기를 한다.

수컷과 암컷은 흙속에 굴을 파고 알을 낳는다.

알은 작고 하얀 타원형이다.

어미 집게벌레는 알을 뒤집어 주고 주변을 깨끗하게 한다.

어미 집게벌레는 알이 부화할 때가 되면 알 사이를 벌려 놓는다.

애벌레는 작은 집게벌레처럼 생겼다.

애벌레는 자라면서 4단계를 거치며 각 단계마다 허물을 벗는다.

두 번째 허물을 벗은 애벌레는 굴을 떠나 스스로 먹이를 잡아 먹으며 산다.

곤충의 먹이

곤충은 각각 다양한 환경에서 살고 있습니다. 그러다 보니 곤충의 먹이는 식물의 잎, 열매나 꽃, 다른 곤충, 작은 동물, 그리고 사람이 먹다 남은 음식 찌꺼기까지 굉장히 다양합니다. 곤충은 자신보다 훨씬 큰 동물을 먹기도 하고, 피를 빨기도 하고, 죽은 동물의 몸을 먹기도 하고, 심지어 동물이 싼 똥을 먹기도 합니다! 쇠똥구리처럼 딱 한 종류의 먹이만 먹는 곤충도 있고, 바퀴벌레처럼 뭐든 먹어 치우는 곤충도 있답니다.

곤충의 먹이
읽기 전에 알아두기

감로 진딧물이 배출하는 달콤한 물질.

공생 서로 다른 생물들이 서로에게 도움을 주고받으며 살아가는 관계.

균류 식물도 동물도 세균도 아닌 생물. 썩은 나뭇잎과 같은 유기물을 먹고 산다. 버섯과 곰팡이, 효모는 균류에 속한다.

깍지벌레 비늘처럼 생긴 껍데기로 몸을 보호하고 수액을 빨아먹는 작은 곤충. 식물 한 그루에 떼로 달라붙어 식물에 심각한 피해를 일으킬 수 있다.

꽃가루 꽃의 수술에서 나오는 가루.

농작물 옥수수나 감자처럼 식량으로 삼기 위해 농부들이 논밭에 키우는 식물.

되새김질 한번 삼킨 먹이를 위장에서 다시 입으로 토해 내어 씹는 짓.

박테리아 가장 단순한 구조의 생물. 공기, 물, 흙, 살아 있거나 죽은 생물, 식물 속에 가득하다. 질병을 일으키기도 한다.

보호색 곤충을 주변의 풍경에 녹아들게 만드는 무늬나 색.

사체 죽은 동물의 몸.

수분 꽃의 수술에서 암술로 꽃가루가 이동하는 과정. 수분이 이루어지면 꽃은 씨앗을 맺고 번식할 수 있다.

수액 나무나 식물 안에서 흐르는 액체.

진딧물 식물의 줄기·새싹·잎에 모여 살며 식물의 진을 빨아먹고 바이러스를 전염시키는 해충. 개미는 진딧물의 배 끝에서 나오는 달콤한 액체인 감로를 먹고 대신에 진딧물을 옮겨 준다.

청소동물 다른 동물의 사체를 먹고 사는 동물. 청소동물인 바퀴벌레는 죽었거나 썩어가는 동식물은 물론, 인간이 남긴 음식 찌꺼기까지 먹어 치운다.

포자 균류가 번식하기 위해 만드는 작은 단세포 생물. 이후 새로운 균류로 자란다.

포식자 먹이를 얻기 위하여 다른 동물을 잡아먹는 동물.

피식자 포식자가 잡아먹는 먹이.

한눈에 보는 지식
11 식물을 먹어요

곤충은 엄청나게 많은 식물을 먹어 치울 수 있습니다! 때로는 수를 셀 수 없을 만큼 많은 곤충이 한꺼번에 달려들어 식물을 깨끗하게 먹어 치우기도 한답니다.

메뚜기는 굶주리면 무리를 지어서 먹이를 찾아 이동합니다. 어떨 때는 수십억 마리나 되는 메뚜기 떼가 날아가는데, 하늘을 뒤덮은 새까만 구름처럼 보일 정도입니다. 이 메뚜기 떼는 지나가면서 옥수수 같은 농작물을 모조리 먹어 치웁니다.

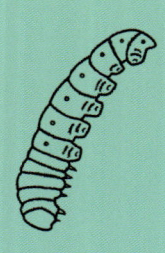

진딧물은 빨대처럼 생긴 입을 식물의 잎이나 줄기에 찔러 넣고, 당분이 많은 수액을 빨아 먹습니다. 진딧물은 여러 식물에 큰 피해를 입힙니다. 나비와 모기는 애벌레가 좋아하는 식물의 잎에 알을 낳습니다. 부화한 애벌레들은 눈에 보이는 잎을 닥치는 대로 갉아 먹으면서 자랍니다.

그런데 일부러 곤충을 끌어들이는 식물도 있습니다. 이 식물들은 화려하고 향기로운 꽃을 피워 곤충을 유혹합니다. 꽃 속에는 달콤한 꽃꿀과 꽃가루가 있습니다. 벌과 나비 같은 곤충은 꽃꿀을 먹고 나서 몸에 꽃가루를 묻힌 채로 다른 꽃을 찾아 떠납니다. 이렇게 해서 꽃가루는 다른 꽃으로 옮겨집니다. 그 덕분에 식물은 씨앗을 맺게 되는 것입니다.

한줄요약
초식 곤충은 농작물에 해를 끼치기도 하지만 도움을 주기도 합니다.

개미 나무
중앙아메리카에 서식하는 수도머멕스개미는 쇠뿔아카시아나무의 크고 속이 비어 있는 커다란 가시 안에 집을 짓고 삽니다. 이 개미는 나무를 갉아 먹으러 오는 초식동물을 물리치고 나무 주위에 다른 식물이 자라지 않도록 막습니다. 쇠뿔아카시아나무는 잎자루에서 나오는 달콤한 꿀과 맛있는 열매를 개미에게 나누어 줍니다. 이처럼 두 종이 함께 살며 서로를 돕는 관계를 공생이라고 한답니다.

배고픈 메뚜기 떼가 옥수수밭으로 날아간다. 이제 곧 옥수수밭에는 아무것도 남지 않을 것이다.

사막메뚜기는 보통 혼자 산다. 하지만 비가 오는 시기가 끝나면 메뚜기들은 거대한 무리를 이룬다.

거대한 메뚜기 떼는 도시에 사는 모든 사람이 먹을 수 있는 식량을 하루 만에 먹어 치운다.

메뚜기는 날카롭고 날이 선 턱을 마치 가위처럼 사용해 먹이를 자르고 씹는다.

사막메뚜기 한 마리의 몸무게는 약 2g이다. 하루 동안 자기 몸무게만큼의 먹이를 먹어치운다.

한눈에 보는 지식
12 사나운 사냥꾼들

곤충의 세계에서 다른 곤충을 사냥하는 곤충들은 엄청나게 사납고 무시무시합니다. 마치 작은 동물들에게 악어, 호랑이, 상어가 그렇듯 말입니다.

곤충 사냥꾼인 잠자리와 파리매는 휙휙 날아다니며 먹잇감을 잡습니다. 이들은 벌, 나비, 모기 같은 곤충들보다 훨씬 빠를 뿐만 아니라 멀리까지 날아갑니다. 어떤 곤충 사냥꾼들은 먹잇감을 쫓아다니지 않습니다. 그 대신 숨어서 기다립니다. 사마귀는 풀이나 나뭇잎에 가만히 앉아 있다가 갑자기 앞다리를 뻗어 먹잇감을 붙잡습니다. 명주잠자리의 애벌레인 개미귀신은 모래 속에 구덩이를 파고 기다렸다가 개미가 구덩이에 떨어지면 날카로운 턱으로 꽉 물어 버립니다.

침노린재는 다른 곤충의 단단한 외골격을 단번에 찌를 수 있는 날카로운 입을 가지고 있습니다. 이 입으로 먹잇감을 찌르고서 살을 녹이는 화학물질을 집어넣습니다. 그다음에 먹이를 빨아들입니다.

타란툴라사냥벌은 훨씬 더 무섭습니다. 암컷 타란툴라사냥벌은 자신보다 몸집이 훨씬 큰 타란툴라를 침으로 쏘아 움직이지 못하도록 합니다. 그런 다음 집으로 끌고 가서 그 위에 알을 낳습니다. 부화한 타란툴라사냥벌의 애벌레들은 타란툴라의 몸속으로 파고 들어가서 타란툴라를 먹으며 자랍니다!

한줄요약
사냥꾼 곤충들은 먹잇감을 낚아채고, 잡고, 물고, 쏘고, 찔러서 잡습니다.

곤충계의 악어

무당벌레의 애벌레는 무시무시한 사냥꾼입니다. 진딧물을 가장 좋아하는 무당벌레의 애벌레는 식물의 줄기와 잎에서 어슬렁대다가 진딧물이 보이면 빠르게 잡아먹습니다. 외국에서는 이들을 '곤충계의 악어'라고 부른답니다. 무당벌레의 애벌레는 온몸에 가시가 돋아있으며, 검은색, 주황색, 노란색이나 초록색의 알록달록한 무늬가 있습니다. 무당벌레 애벌레를 보게 된다면 건드리지 마세요. 사람도 무니까요!

한눈에 보는 지식
13 청소동물

청소동물은 죽은 동식물이나 다른 동물이 먹다 남긴 찌꺼기를 먹는 동물을 가리키는 말입니다.

옛날 사람들은 파리가 죽은 동물의 몸에서 자라난다고 생각했습니다. 동물의 사체에서 파리가 갑자기 나타나곤 했으니까요. 사실은 파리가 죽은 동물의 몸에 알을 낳기 때문에 생긴 일입니다. 파리의 알에서 부화한 구더기는 썩은 살을 먹고 자라 성충이 됩니다.

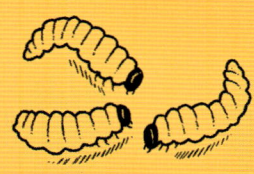

음식물 쓰레기통에 바나나 또는 사과 껍질 등을 버린 채로 둔 적이 있나요? 초파리는 썩어 가는 과일 껍질에 알을 낳습니다. 그래서 며칠 뒤에 음식물 쓰레기통을 보면 알을 깨고 나온 초파리들을 볼 수 있습니다.

송장벌레는 쥐나 새와 같은 작은 동물의 사체를 찾으면 그 아래에 큰 구멍을 팝니다. 수컷과 암컷 송장벌레는 그 구멍 안에서 살면서 사체에 알을 낳습니다. 알에서 부화한 애벌레는 사체를 먹으면서 자랍니다.

사체를 먹는 곤충들이 꽤 무섭고 징그러울 수 있습니다. 하지만 이 곤충들은 생태계에서정말로 중요한 일을 하는 것이랍니다. 자연에서 죽은 생물을 깨끗하게 먹어 치워 사체가 쌓이거나 세균이 퍼지는 걸 막아 주니까요.

한줄요약
바퀴벌레, 송장벌레 같은 곤충은 청소동물로, 동물의 사체를 먹어 치워 생태계를 지켜 준다.

사람을 치료하는 구더기

의사들은 구더기로 사람을 치료하기도 합니다! 예를 들어 동상에 걸려 피부와 살이 썩어 들어가는 환자의 상처를 깨끗하게 하려고 구더기를 쓰기도 합니다. 구더기들이 죽은 살을 야금야금 다 먹어 치우면, 그 자리에 새살이 돋아나기 쉽기 때문입니다. 그런데 구더기를 어떻게 구하냐고요? 걱정하지 마세요! 병원에서 쓰는 구더기는 실험실에서 깨끗하고 안전하게 키운 것입니다.

청소동물인 곤충은 죽거나 썩은 생물을 먹는다. 다음은 송장벌레가 자신의 애벌레에게 먹이를 주려고 사체를 처리하는 과정이다.

송장벌레는 썩어 가는 사체의 냄새를 수백 m 밖에서도 맡을 수 있다.

수컷과 암컷 송장벌레는 다른 송장벌레들과 사체를 두고 이길 때까지 싸운다.

수컷과 암컷 송장벌레는 사체를 굴리고 밀어서 파묻기 좋은 곳으로 옮기기도 한다. 사체를 공 모양으로 돌돌 만 뒤에 끈적한 물질로 몸을 덮는다. 냄새를 막아서 다른 청소동물이 사체를 찾지 못하도록 하기 위해서다.

수컷과 암컷 송장벌레는 사체 아래쪽의 흙을 파서 땅굴을 만든다.

암컷 송장벌레는 사체에 알을 낳는다. 알에서 애벌레가 나오면 부모는 사체를 잘 씹고 되새김질해 애벌레에게 먹인다.

한눈에 보는 지식
14 농사짓는 곤충들

사람만 농사를 짓는 것은 아닙니다. 아주 드물지만 곤충도 농사를 짓습니다.

많은 종류의 흰개미는 균류 농사를 짓습니다. 균류는 곰팡이나 버섯처럼 광합성을 하지 않는 생물입니다. 흰개미는 개미집 안에 나무 조각이나 나뭇잎을 구해다가 쌓아 놓은 다음, 자신이 싼 똥과 섞어서 균류를 키우는 밭을 만듭니다. 그 밭에서 자란 균류는 흰개미와 애벌레의 먹이가 됩니다.

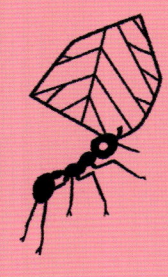

암브로시아나무좀도 균류 농사를 짓습니다. 이들은 나무에 구멍을 뚫고 들어가 방을 만들고 알을 낳습니다. 암브로시아나무좀은 그 방에 균류도 함께 키웁니다. 알에서 부화한 애벌레들은 농사지은 균류를 먹고 자랍니다.

황개미와 고동털개미 같은 몇몇 개미는 진딧물을 기릅니다. 이 개미들은 진딧물이 식물의 수액을 빨아 먹는 동안 무당벌레 같은 곤충이 진딧물을 공격하지 못하도록 보호합니다. 그 대신 개미들은 더듬이로 진딧물을 톡톡 쳐서 달콤한 물질을 내놓게 합니다. 이 물질이 감로입니다. 개미들은 감로를 받아 먹습니다.

한줄요약
균류를 농사짓는 곤충도 있고 진딧물을 키우는 개미도 있습니다.

진딧물을 키우는 개미 찾기
진딧물이 좋아하는 식물은 장미, 튤립, 완두콩 등입니다. 이 식물들을 잘 살펴보면 진딧물을 키우는 개미를 찾을 수 있습니다. 먼저 초록색 또는 검은색 진딧물로 덮여 있는 식물의 잎이나 줄기를 찾고, 그다음에 진딧물을 지키고 있는 개미를 찾아보세요.

개미, 딱정벌레, 흰개미 같은 농사꾼 곤충들은 먹이를 얻으려고 균류나 동물을 키운다.

고동털개미가 초록 진딧물을 키우려고 잎 뒷면에 모으고 있다.

개미들은 진딧물이 식물의 수액을 빨아먹기 좋은 곳으로 몰고 다니기도 한다.

이 개미는 진딧물의 감로를 '짜고' 있다.

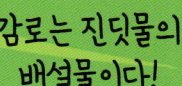

감로는 진딧물의 배설물이다!

개미는 진딧물을 느릿느릿하고 조용하게 만드는 화학물질을 내뿜는다.

암브로시아나무좀은 나무 안을 뚫어서 만든 굴에서 균류를 기른다.

흰개미는 개미집 깊숙한 곳에 있는 특별한 '밭'에서 균류 농사를 짓는다.

한눈에 보는 지식
15 똥을 먹어요!

똥을 먹는 곤충에는 바퀴벌레, 파리, 몇몇 개미, 그리고 나비가 있습니다. 이 곤충들은 똥에 있는 박테리아에서 원하는 먹이를 찾거나 똥 속에 소화되지 않고 남아 있는 찌꺼기를 먹는답니다.

쇠똥구리는 똥을 먹는 대표적인 곤충입니다. 전 세계 곳곳에 수천 종이 퍼져 있으며 주로 소, 코끼리처럼 풀을 먹는 포유동물의 똥을 먹습니다.

쇠똥구리는 냄새로 똥을 찾습니다. 어떤 쇠똥구리는 똥을 찾으면 똥 속에 바로 알을 낳습니다. 다른 쇠똥구리는 똥을 공처럼 둥글게 만든 다음, 땅속에 굴을 파고서 그 안에 똥을 굴려서 넣습니다. 이 쇠똥구리들은 똥을 굴속에 저장해 두고 먹습니다. 또 똥 속에 알을 낳아 부화한 애벌레들이 똥을 먹으면서 자랄 수 있도록 합니다.

흰개미는 서로의 똥을 먹습니다! 흰개미가 갉아 먹은 나무를 소화하려면 장 속에 특정한 박테리아가 있어야 합니다. 다른 흰개미의 똥을 먹어야만 이 박테리아를 얻을 수 있기 때문입니다.

한줄요약
쇠똥구리를 비롯해 몇몇 곤충은 똥을 먹습니다.

스카라베를 만들자

고대 이집트 사람들은 쇠똥구리를 아주 신성하게 생각했습니다. 그래서 쇠똥구리의 모양을 본뜬 조각품과 목걸이를 만들었지요. 이것을 스카라베라고 한답니다.

준비물 지점토, 플라스틱 칼이나 연필

실험 방법
① 바닥이 평평하고 윗부분이 둥근 쇠똥구리 모양을 만드세요.
② 등 쪽에 날개와 눈을 조각하고 배 쪽에는 이름을 새기세요.
③ 목걸이를 만들려면 머리 앞쪽에 구멍을 뚫으세요.
④ 완성한 쇠똥구리를 잘 말리세요.

한밤중에 쇠똥구리가 똥을 찾으러 나왔다!

쇠똥구리가 신선한 똥 냄새를 맡았다. 찾았다! 맛있는 똥!

쇠똥구리는 똥을 굴릴 수 있도록 공처럼 동그랗게 빚는다.

이 쇠똥구리는 똥 덩어리 위로 올라가 똥을 굴릴 방향을 잡는다.

가끔은 좋은 똥 무더기를 두고 쇠똥구리들끼리 싸우곤 한다.

쇠똥구리는 달빛과 별빛을 이용해 똥 무더기에서 가장 빨리 멀어질 수 있는 직선 경로를 찾는다. 다른 쇠똥구리에게 똥을 빼앗기지 않기 위해서다.

쇠똥구리가 땅속의 굴에 똥 덩어리를 안전하게 숨겼다. 이제 곧 똥 속에 알을 낳을 것이다.

49

한눈에 보는 지식
16 위장을 해요

곤충은 많은 다른 동물의 먹잇감입니다. 거미, 도마뱀, 새, 물고기, 개구리, 뾰족뒤쥐, 침팬지, 개미핥기 등의 동물이 곤충을 먹는답니다. 심지어 곤충을 먹는 곤충도 있습니다. 그래서 곤충들은 먹이를 구하는 것보다 포식자에게 잡히지 않는 것이 더 중요합니다.

포식자에게 잡히지 않는 가장 좋은 방법은 자신을 찾기 어렵도록 위장을 하는 거랍니다. 그래서 많은 곤충이 주변 풍경과 쉽게 구별되지 않는 색, 무늬, 형태를 하고 있습니다. 가랑잎벌레, 대벌레, 가랑잎나비, 나뭇잎여치 같은 곤충은 마른 잎이나 나뭇가지 흉내를 내지요.

가시벌레는 등에 뾰족한 가시가 있어서 먹이를 먹고 있으면 마치 식물의 가시처럼 보입니다. 큰제비꼬리나비의 애벌레는 냄새나는 새똥처럼 생겼습니다! 얼룩덜룩한 강변메뚜기와 얼룩가지나방은 모래나 나무줄기에 있으면 적의 눈에 띄지 않습니다.

다른 곤충을 사냥하는 곤충들 역시 몸을 숨기고 있습니다. 난초꽃처럼 생긴 난초사마귀는 먹잇감을 잡을 수 있을 만큼 가까이 올 때까지 난초꽃 위에 조용히 앉아 있습니다.

한줄요약
많은 곤충이 잡히지 않으려고 여러 가지 방법으로 몸을 숨깁니다.

위장의 달인 그리기
준비물 색연필이나 사인펜, 종이, 가위
실험 방법
① 나무 바닥, 알록달록한 무늬가 있는 카펫처럼 복잡한 무늬가 있는 물체를 찾으세요.
② 나방이나 딱정벌레를 그리고, 그 물체에 몸을 숨기기 좋도록 색칠하세요.
③ 색칠한 곤충을 오려내 물체 위에 올려서 위장을 잘하는 곤충을 그렸는지 확인하세요.

한눈에 보는 지식
17 사람의 피를 먹어요!

많은 곤충이 좋아하는 먹이 중 하나는 바로 우리 사람이랍니다! 특히 우리의 아주 작은 일부분, 보통은 한 모금의 피를 좋아합니다.

사람의 피를 빠는 가장 유명한 곤충은 모기입니다. 사실 모기의 먹이는 식물의 꽃꿀과 수액입니다. 알을 낳을 때가 된 암컷 모기만 사람의 피를 빤답니다. 모기는 숨이나 땀에서 나는 냄새로 사람을 찾습니다. 그다음 바늘같이 생긴 입을 사람의 피부에 찔러 넣고 몸이 꽉 찰 만큼 피를 빨아댑니다.

말파리, 빈대도 사람의 피를 빨아먹기 때문에 이 곤충들에게 물리면 피부가 따갑고 가렵습니다. 이 곤충들은 배가 고플 때만 사람을 찾아옵니다.

사람 몸에서 함께 사는 곤충도 있습니다. 바로 머릿니입니다. 머릿니는 사람의 머리카락을 발톱으로 꽉 잡은 채 머리카락 사이에 숨어 있습니다. 하루에도 몇 번씩 피를 빨기 위해 사람의 두피를 깨문답니다.

쇠파리나 아프리카의 툼부파리와 같이 동물이나 사람의 피부를 뚫고 들어가는 곤충도 있습니다. 쇠파리나 툼부파리의 애벌레인 구더기는 동물이나 피부를 뚫고 들어가 굴을 파고서 살을 먹으며 자랍니다. 구더기들은 번데기가 될 무렵에 피부를 뚫고 몸 밖으로 나옵니다.

한줄요약
곤충 중에는 사람의 피를 빨아먹는 곤충도 있습니다.

고양이 피도 먹어요!
고양이벼룩은 자기 몸에 비해 엄청 높이 뛰어오를 수 있습니다. 고양이가 가까이 다가오면 약 20cm를 점프하여 고양이의 보드라운 털 위에 올라탑니다. 고양이벼룩이 고양이의 살갗을 깨물어 피를 빨면, 고양이는 엄청 가려워합니다.

조심! 아래의 곤충들은
사람의 피와 살을 좋아한다.

머릿니는 숱이 많은 사람의 머리카락 사이에서 사는 걸 좋아한다. 배가 고프면 날카로운 입으로 사람의 두피를 물고 피를 빨아들인다!

옆에 있는 곤충은 쇠파리다. 쇠파리의 애벌레인 구더기는 사람의 피부를 뚫고 들어가 구멍을 파고 산다.

모기는 피를 먹기 위해 사람을 공격한다.

곤충의 집

윙윙대거나 날갯짓하는 벌, 말벌, 딱정벌레, 나비들도 사람처럼 집이 있을까요? 모든 곤충이 집이 있는 것은 아닙니다. 어떤 곤충은 그저 주변을 어슬렁대고 먹이를 찾다가 지치면 잠시 쉬어가는 곳이 있을 뿐입니다. 하지만 다른 많은 곤충들은 굉장히 뛰어난 건축가랍니다. 곤충은 땅속 또는 나무에 구멍을 파거나 나무, 밀랍, 진흙, 나뭇잎 등으로 놀라울 정도로 크고, 튼튼하고, 복잡한 집을 짓습니다.

곤충의 집
읽기 전에 알아두기

곰팡이 몸의 구조가 간단한 균류. 동물이나 식물에 기생하는데, 어둡고 습기가 찰 때 음식물·옷·기구 따위에도 난다.

균류 식물도 동물도 세균도 아닌 생물. 썩은 나뭇잎과 같은 유기물을 먹고 산다. 버섯과 곰팡이, 효모는 균류에 속한다.

더듬이 곤충의 머리에 달린 한 쌍의 감각 기관.

벌레혹(충영) 곤충이나 애벌레가 식물에 화학물질을 집어넣은 탓에 식물에 자란 불룩한 혹. 곤충은 벌레혹을 둥지나 먹이로 삼는다.

벌집 육각형 구조의 방이 가득한 꿀벌의 집. 꿀벌은 자신의 몸에서 나오는 밀랍으로 벌집을 짓는다.

산란관 곤충의 암컷이 정확한 장소에 알을 낳을 수 있게 해 주는 속이 텅 빈 관처럼 생긴 기관.

아가미 물속에서 사는 동물이 물속의 산소를 마실 수 있도록 발달한 호흡 기관. 물속에 알을 낳는 곤충의 애벌레는 몸 바깥쪽에 아가미가 있다.

애벌레 곤충의 알에서 나온 다음, 아직 다 자라지 않은 벌레.

잎나방벌레 작은 파리나 딱정벌레, 나방의 애벌레. 나뭇잎의 양면 사이에 구멍을 뚫고 산다.

천공성 곤충 나무와 식물 안에 구멍이나 통로를 뚫는 곤충 성충과 애벌레.

표면 장력 물 분자가 서로 당기는 힘 때문에 동그랗게 뭉치는 현상. 수생 곤충이 물에 빠지지 않고도 물 위를 걸을 수 있게 해 준다.

환기 신선한 공기를 안에 들이고 더럽혀진 공기를 밖으로 내보내는 일.

한눈에 보는 지식
18 식물에서 살아요

곤충이 살아가는 데 식물이 꼭 필요합니다. 대부분의 곤충은 식물을 먹고 살 뿐만 아니라, 적이 나타나면 식물을 이용해 몸을 숨깁니다. 어떤 곤충은 식물 속에다가 집을 짓기도 한답니다.

밤바구미나 무화과말벌 등의 곤충은 과일, 밤과 도토리 같은 열매, 또는 꽃봉오리에 알을 낳습니다. 그 안에서 부화한 애벌레는 먹이를 마음껏 먹을 수 있습니다. 궂은 날씨나 적으로부터 몸을 지킬 수도 있습니다. 작은 나방의 애벌레를 비롯한 잎속살이애벌레들은 잎 안에서 굴을 파며 식물을 파먹습니다.

어떤 곤충은 나무껍질에 구멍을 뚫고 단단한 나무 안을 파고 들어갑니다. 비단벌레는 갈라진 나무껍질 틈이나 구멍에 알을 낳습니다. 그곳에서 부화한 애벌레는 껍질 안쪽을 야금야금 파먹고 들어갑니다.

암컷 송곳벌은 배 끝에 침처럼 생긴 산란관이 달렸습니다. 산란관은 알을 낳는 기관입니다. 송곳벌은 뾰족한 산란관으로 나무껍질에 구멍을 뚫고 알을 낳습니다. 부화한 애벌레는 나무 안으로 굴을 파 들어가며 나무를 먹어 치웁니다. 맵시벌은 나무를 유심히 관찰해서 송곳벌의 애벌레가 사는 나무를 찾아냅니다. 그런 다음 산란관으로 나무껍질을 뚫고 들어가 송곳벌 애벌레의 몸에 알을 낳습니다! 알에서 깨어난 맵시벌 애벌레는 송곳벌 애벌레를 먹고 자랍니다.

한줄요약
어떤 곤충의 애벌레는 나무에서 삽니다.

곤충의 힘!
곤충의 자그마한 산란관이 어떻게 단단한 나무를 뚫을까요? 산란관이 날카로운 톱니처럼 생긴 곤충은 나무를 뚫을 때 힘을 많이 쓰지 않아도 된답니다. 어떤 곤충은 산란관 끝에서 나무를 녹이는 화학물질을 내보내기도 합니다. 과학자들은 일부 맵시벌의 산란관 끝에 많은 양의 금속이 있다는 사실을 발견했습니다. 이 금속 덕분에 산란관이 더 단단해집니다.

한눈에 보는 지식
19 땅속에서 살아요

땅속에도 셀 수 없이 많은 곤충이 살고 있습니다. 수많은 곤충이 흙, 모래, 진흙 속에 집을 만듭니다. 먹이를 찾거나 보관하고, 알을 낳고, 애벌레를 키우기 위해서입니다.

흰개미는 땅속에 거대한 개미집을 만드는 것으로 유명합니다. 어떤 흰개미는 진흙, 똥, 침을 섞은 재료로 높은 탑을 세웁니다. 흰개미는 모두 합치면 100m에 이르는 길고 복잡한 통로를 만들 수 있습니다. 과학자들이 브라질에서 찾은 오래된 잎꾼개미의 집은 사람이 사는 집만큼 규모가 컸답니다!

땅강아지는 땅을 파고 들어가는 습성 때문에 '땅'이 들어가는 이름이 붙었습니다. 이 땅딸막한 곤충은 크고 강한 앞다리로 땅을 파고 커다란 머리로 흙을 밀어냅니다. 땅강아지는 땅속을 다니며 식물의 뿌리나 다른 곤충을 먹습니다.

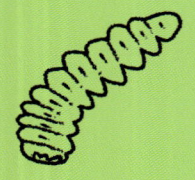

꿀벌레큰나방의 애벌레는 오스트레일리아 사막 지대의 덤불 뿌리 부근에 굴을 파고 그 안에서 삽니다. 애벌레는 뿌리를 먹으며 2년 동안 10cm까지 쑥쑥 자라난답니다.

땅속 깊은 곳에서 사는 대부분의 곤충은 눈이 아주 나빠서 희미한 빛만 볼 수 있습니다. 아예 눈이 없는 곤충도 있습니다. 그 대신 엄청나게 긴 더듬이가 주변의 변화를 빠르게 잡아낼 수 있습니다.

한줄요약
많은 곤충이 땅속이나 굴속에서 삽니다.

벌을 위한 호텔

호박벌은 두더지나 들쥐가 파놓은 굴, 벽의 구멍 안, 건물 밑 같은 곳에 벌집을 만듭니다. 만약 여러분의 집에 정원이 있다면 정원 구석에 오래된 화분을 이용해 호박벌이 벌집을 지을 공간을 만들어 보세요. 화분 몇 개는 엎어 두고, 다른 화분들은 똑바로 세운 뒤 안에 흙을 조금 넣어 두면 된답니다.

땅강아지는 땅속에 굴을 파고 산다.

땅속에는 흙만 들어차 있는 것이 아니라 온갖 곤충들의 집이 있다.

높다란 개미탑에는 통로로 이어진 여러 개의 방이 땅속을 이리저리 가로지르며 복잡하게 얽혀 있다.

암컷 땅강아지는 애벌레를 키울 수 있는 특별한 방에 알을 낳는다.

동굴 안에는 먹을 것이 충분하지 않다. 꼽등이는 작은 벌레나 곰팡이를 먹고 산다.

흰개미 탑 안과 그 아래에는 수백만 마리의 작은 흰개미가 떼지어 산다. 그중에는 눈이 없는 종류도 있다.

한눈에 보는 지식
20 집을 지어요

많은 곤충은 찾기 쉬운 재료로 집을 짓습니다. 어떤 곤충들은 집을 지을 재료를 직접 만들어 낸답니다!

말벌은 턱으로 얇게 벗겨 낸 나무껍질에 침을 섞어 종이를 만듭니다. 그러고는 종이를 입에서 뱉어 내서 육각형 모양의 방이 있는 벌집을 짓습니다.

베짜기개미는 큰 잎을 이어서 집을 짓습니다. 애벌레가 만든 끈적끈적한 실로 잎의 가장자리를 단단하게 붙입니다. 꿀벌은 배 아래쪽에서 조각조각 떨어져 나오는 밀랍으로 육각형 모양의 방을 갖춘 벌집을 만듭니다. 홀로 사는 곤충도 집을 짓곤 합니다. 암컷 호리병벌은 진흙으로 작은 호리병처럼 생긴 벌집을 만듭니다.

식물을 속여서 자신들을 위한 집을 만들게 하는 곤충도 있습니다. 어리상수리혹벌을 비롯한 벌레혹 곤충들이 그렇습니다. 어리상수리혹벌은 식물에 화학물질을 내뿜는데, 화학물질에 맞은 식물들은 잎이나 줄기, 뿌리 등에 혹을 만듭니다. 이 혹을 벌레혹이라고 합니다. 벌레혹 곤충들은 몽글몽글 자라난 벌레혹 안에 집을 꾸미고 알을 낳는답니다.

한줄요약
자신의 몸에서 나온 물질로 집을 짓는 곤충도 있습니다.

벌레혹 찾아보기
가까운 공원이나 숲의 나무에서 벌레혹을 찾아보세요. 아마 다음처럼 생긴 혹을 찾을 수 있을 것입니다.

잎 잎의 표면을 잘 찾아보세요. 둥글고 한쪽이 뾰족하거나 마치 구름처럼 몽글몽글 붙어 있는 작은 혹들을 볼 수 있습니다.

가지 가지의 한쪽 면이나 둘레를 잘 살펴보세요. 둥글게 부풀어 오른 혹을 볼 수 있습니다.

곤충은 주변에 있는 재료를 이용해 놀라운 집을 짓는 뛰어난 건축가다.

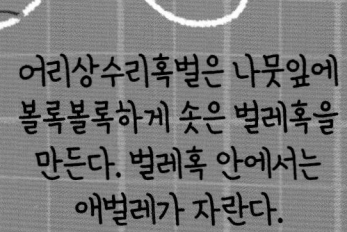

어리상수리혹벌은 나뭇잎에 볼록볼록하게 솟은 벌레혹을 만든다. 벌레혹 안에서는 애벌레가 자란다.

말벌은 자신들이 직접 씹어 만든 종이로 둥글고 복잡한 집을 짓는다.

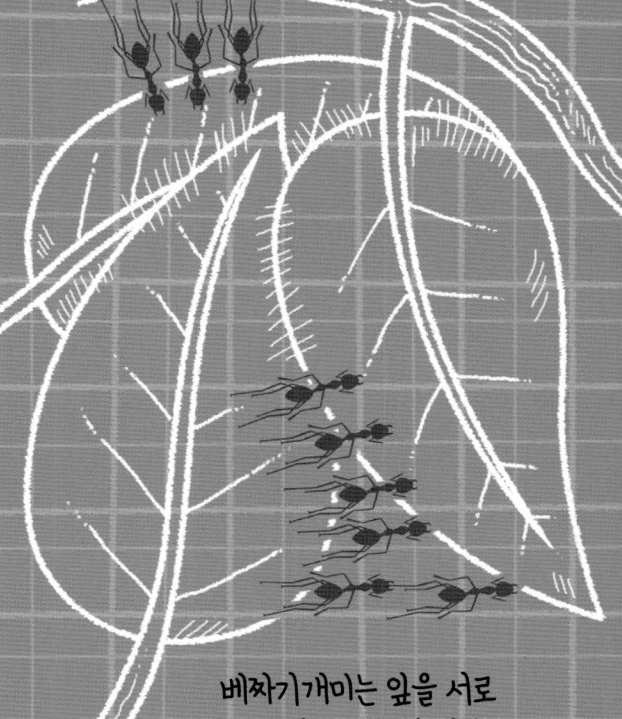

베짜기개미는 잎을 서로 이어 붙여 아늑한 집을 만들고 그 안에서 산다.

암컷 호리병벌은 새끼들을 위해 진흙으로 호리병처럼 생긴 집을 짓는다.

63

한눈에 보는 지식
21 물에서 살아요

많은 종류의 곤충들이 연못, 호수, 개울 그리고 강에서 살고 있습니다.

수생 곤충 중에서 소금쟁이와 물맴이는 물의 표면장력 덕분에 물에 빠지지 않고 물을 밟고 돌아다닐 수 있습니다. 표면장력은 물이 서로 당기는 힘 때문에 얇은 막 같은 것이 생기는 현상입니다.

송장헤엄치게는 노를 닮은 긴 뒷다리로 헤엄칩니다. 물방개는 물속 깊이 잠수할 수 있는데, 공기 방울을 끌고 들어가기 때문에 물속에서도 숨을 쉴 수 있습니다. 물방개는 올챙이를 비롯해 작은 물고기를 잡아 먹습니다.

잠자리, 강도래, 날도래의 애벌레는 물 깊은 곳에서 삽니다. 이들은 물고기처럼 아가미로 숨을 쉬거나, 물에 녹아 있는 산소를 피부로 빨아들입니다. 애벌레들은 성충이 될 무렵이 되면 물 밖으로 나옵니다.

송어, 연어, 개구리 같은 다른 수생 동물들은 수생 곤충을 잡아 먹습니다. 포식자인 수생 동물을 보면 잽싸게 도망치는 곤충도 있고, 무시무시한 턱으로 맞서 싸우는 곤충도 있습니다.

한줄요약
많은 곤충이 물 위나 물속에서 사는데, 특히 애벌레 때 물속에서 사는 경우가 많습니다.

표면장력 실험

준비물 물을 담은 그릇, 바늘이나 클립, 키친타월

실험 방법

① 작게 잘라 낸 키친타월 조각에 바늘이나 클립을 올립니다.
② 키친타월을 조심스럽게 물 위에 올려놓으세요.
→ 아마 키친타월이 물 위에 떠 있을 것입니다. 하지만 물을 휘저으면 그 순간 바늘이나 클립은 물속으로 바로 빠진답니다.

바다에 사는 곤충은 거의 없다.
대부분의 수생 곤충은 연못이나 호수에 산다.

잠자리는 물 위를 빠르게 날아다니며 먹잇감을 쫓는다.

소금쟁이는 먹잇감이 물에 내려앉을 때 생기는 물결을 발끝으로 느낄 수 있다.

송장헤엄치게는 물의 표면에서 배가 위쪽으로 향하도록 누워서 헤엄친다.

물맴이는 물의 표면에서 맴맴 맴돌기 때문에 붙은 이름이다.

커다란 물방개가 올챙이를 붙잡았다.

날도래 애벌레는 모래, 자갈, 조개껍데기, 나뭇가지를 엮어 만든 껍데기 안에 숨어서 몸을 보호한다.

잠자리 애벌레는 물속에서 빠르게 움직인다. 위험이 닥치면 꽁무니에서 물을 쏘며 달아난다.

한눈에 보는 지식
22 사람과 함께 살아요

사람이 집을 짓고 살기 시작하면서 곤충도 함께 살아왔습니다. 사람이 사는 집은 따뜻하고, 안락하고, 먹을거리가 많기 때문에 곤충이 살기에도 매우 좋습니다.

개미, 바퀴벌레와 같은 곤충은 우리가 먹고 남긴 많은 음식물을 먹으려고 몰려듭니다. 집파리는 집 여기저기에 널린 음식물에 앉아 후루룩 먹고, 쓰레기통에 알 낳기를 좋아합니다.

어떤 곤충은 우리가 쓰는 여러 물건을 먹어 치우기도 합니다. 옷좀나방은 모직이나 비단 같은 천연섬유로 만든 옷, 카펫 등에 알을 낳습니다. 부화한 애벌레는 섬유를 먹기 때문에 옷에 구멍이 나게 합니다. 통통하고 털투성이인 수시렁이 애벌레도 카펫과 담요를 사각사각 먹습니다.

좀은 하수구처럼 축축한 곳을 좋아합니다. 그래서 욕실에서 보기 쉽답니다. 좀은 곰팡이, 비듬, 머리카락, 각질 등을 먹습니다.

사람과 함께 사는 개나 고양이 털에는 벼룩과 빈대가 삽니다. 빈대는 낮에는 침대에 숨어 있다가 캄캄할 때 튀어나와 침대에서 자는 동물이라면 뭐든 물어뜯고 피를 빤답니다!

한줄요약
곤충은 사람의 집에서 먹이를 찾고, 숨을 곳을 만듭니다.

파리 관찰 카메라
관찰 카메라를 설치해서 먹이를 먹는 파리를 찍어 보세요!
준비물 스마트폰, 남은 음식, 얕은 접시
실험 방법
① 먹다 남은 샌드위치나 바나나, 케이크를 접시에 담습니다.
② 스마트폰을 옆으로 세워 고정시키고, 카메라로 음식이 보이는지 확인하세요.
③ 스마트폰의 녹화 버튼을 누른 후, 한참 뒤에 확인해 보세요.

어떤 곤충이 어디에 사는지 알게 되면 우리가 사는
집에서도 몇 종류의 곤충은 찾을 수 있을 것이다.

털투성이인 수시렁이 애벌레는
담요와 카펫의 섬유를 먹어 치운다.

좁은 하수관에 가만히 숨어서
사람의 피부에서 떨어진 각질이나
머리에서 떨어진 비듬을 먹는다.

벼룩은 집고양이의 털 속에
살면서 고양이를 문다.
벼룩에 물리면 가렵다.

집파리는 음식물을 부드럽게
만들기 위해 침을 뱉으면서
음식물에 병원균을 퍼뜨린다.
음식물에 똥을 싸기도 한다!

벽에 걸어 둔 코트의
옷깃 아래에는
옷좀나방 애벌레가
숨어 있을 수 있다.

바퀴벌레는 싱크대 아래에서 산다.
밤이 되면 기어 나와 바닥에 떨어진
음식물 찌꺼기를 찾는다.

공동체 생활

사람은 마을, 도시, 국가를 이루고 살면서 일을 하고, 자원을 나누고, 서로를 돌봅니다. 곤충 중에도 사람처럼 공동체를 이루고 사는 종이 있습니다. 개미처럼 작은 곤충은 공동체를 이루고 살면 혼자 있을 때보다 안전합니다. 또한 함께 집을 짓고, 먹이도 나눠 먹고, 애벌레도 함께 돌볼 수 있습니다. 그 대신에 공동체에 속한 각각의 곤충은 맡은 일을 해야 하고, 공동체를 지키기 위해 노력해야 한답니다.

공동체 생활
읽기 전에 알아두기

감로 진딧물이 배출하는 달콤한 물질.

겨울잠(동면) 겨우내 잠을 자는 것. 많은 곤충 성충이 추운 날씨를 피해 나무, 인간의 집, 잎맥 등에서 잠을 잔다. 벌, 무당벌레, 나비 등이 여기 속한다.

계층 군체에 모여 사는 곤충 무리 가운데 생김새와 행동이 같고 같은 일을 하는 무리.

군체 같은 종류의 개체가 모여 살면서 함께 일하고 소통하는 집단.

굴뚝 흰개미 탑이나 개미집의 열린 부분이나 작은 구멍. 이곳을 통해 공기가 안과 밖으로 드나든다.

균류 식물도 동물도 세균도 아닌 생물. 썩은 나뭇잎과 같은 유기물을 먹고 산다. 버섯과 곰팡이, 효모는 균류에 속한다.

꿀 일벌이 꽃에서 채취한 꽃꿀로 만든 벌의 먹이. 벌은 달콤한 꽃꿀과 자신의 몸에서 나온 화학물질을 섞어 꿀을 만든다.

독립성 곤충 무리를 짓지 않고 홀로 살아가는 곤충.

밀랍 꿀벌이 벌집을 만들기 위해 분비하는 누런색을 띠는 물집.

병정 사회성 곤충 무리에서 집, 여왕, 일꾼을 보호하는 역할을 하는 곤충을 이르는 말. 일꾼보다 몸집이 크고 큼지막한 머리에 달린 강력한 턱으로 상대와 싸운다.

사회성 곤충 무리를 이루어 개체 간에 분업을 하며, 서로 협력하여 종족 전체의 생활을 유지하는 곤충. 꿀벌, 개미, 흰개미 따위가 있으며 맡은 임무에 따라 행동, 행태가 다르다.

수벌 침이 없고 여왕과 짝을 짓는 수컷 벌.

여왕 곤충 사회성 곤충 무리에서 알을 낳는 암컷을 이르는 말. 여왕은 몸집이 가장 크고 유일하게 번식할 수 있는 개체다. 평생 일개미나 일벌의 보살핌을 받으며 알만 낳는다.

육각 구조 여섯 개의 벽이 서로 빈틈없이 맞물린 벌집의 방 구조.

일벌 벌 군체에서 여왕과 애벌레를 보살피고 둥지를 짓고 청소하며 먹이를 구해 오는 벌들.

종 서로 짝짓기를 하고 번식할 수 있는 같은 종류의 동물 무리를 과학적으로 일컫는 말.

환기 신선한 공기를 안에 들이고 더럽혀진 공기를 밖으로 내보내는 일.

한눈에 보는 지식
23 사회성 곤충

개미, 흰개미, 벌과 말벌 등은 무리를 이루고 삽니다. 곤충들의 거대한 무리를 군체라고 하는데, 군체를 이루고 사는 곤충을 사회성 곤충이라고 합니다. 사회성 곤충은 매우 널리 퍼져 있고 그 수도 많습니다. 사실 지구에 사는 사회성 곤충의 수는 다른 곤충들보다 훨씬 많습니다.

군체를 이루고 있는 곤충들은 함께 모여 살기만 하는 것은 아닙니다. 이 곤충들은 일도 함께합니다. 예를 들어 곤충들이 함께 살 수 있는 큰 집을 짓는 일은 곤충 한 마리가 홀로 해낼 수 없기 때문에 협동해야 합니다. 또한 먹이를 찾는 일, 애벌레를 돌보는 일 등을 함께합니다.

대부분의 사회성 곤충 무리에는 여왕이 있습니다. 여왕은 몸집이 매우 크며, 오로지 알만 낳습니다. 사회성 곤충들은 자신의 무리와 여왕을 지키기 위해 목숨까지 바칩니다. 개미나 벌은 집을 쳐들어온 무서운 침입자들과 싸우다 죽기도 합니다.

몇몇 과학자는 사회성 곤충의 군체를 수많은 부분으로 이뤄진 하나의 큰 생물이라고 생각합니다. 예를 들어 개미 군체가 한 마리의 개미처럼 똑같은 생각과 행동을 한다는 것입니다. 그래서 이런 곤충의 군체를 거대한 개체라는 뜻인 '초개체'라고 부르기도 한답니다.

한줄요약
거대한 무리를 이루고 있는 사회성 곤충은 군체를 지키기 위해 똘똘 뭉쳐 일합니다.

우리도 군체처럼 해 보자!

사람도 사회성 곤충의 군체처럼 일할 때가 있습니다. 우선 친구들을 불러 하나의 작업을 함께하세요. 예를 들어 레고 블록으로 집을 만들거나 커다란 그림을 부분부분 나누어서 그릴 수 있을 거예요. 단, 이 점은 잊지 마세요. 곤충처럼 말 한마디 없이 일해야 해요! 친구들과 서로 어떻게 의견을 주고받고, 계획을 짜고 각자 할 일을 나눌 수 있을까요?

일개미들은 힘을 합쳐 자신들보다 훨씬 큰 먹이를 집으로 끌고 간다.

개미들이 죽은 노래기를 둘러싼다.

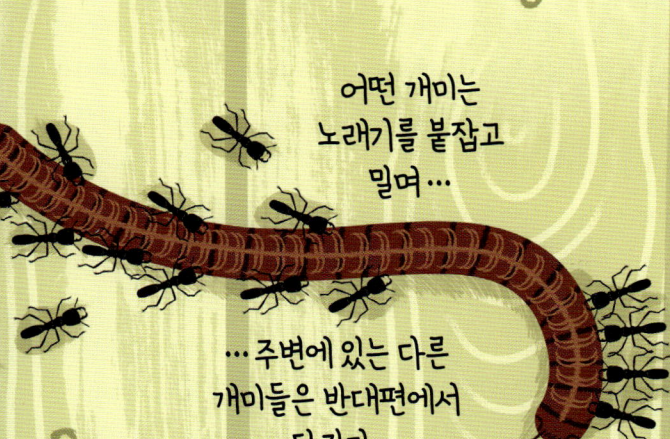

어떤 개미는 노래기를 붙잡고 밀며…

…주변에 있는 다른 개미들은 반대편에서 당긴다.

노래기를 밀기 위해 더 많은 개미들이 몰려든다. 개미들은 마치 사람들이 줄다리기할 때처럼 서로를 연결한다.

개미들은 힘을 합쳐 무거운 노래기를 집까지 끌고 간다.

한눈에 보는 지식
24 개미와 개미집

세상에서 가장 큰 군체를 이루는 곤충은 개미입니다. 군대개미의 군체는 무려 2,000만 마리가 넘는 개미로 이루어져 있습니다. 이 수는 서울과 경기도에 사는 사람의 수를 합친 것과 비슷합니다.

다른 사회성 곤충처럼 개미들도 각자 군체에서 맡은 일이 따로 있습니다. 여왕개미가 하는 가장 중요한 일은 알을 낳는 일입니다. 또한 화학 신호로 다른 개미들을 조정합니다.

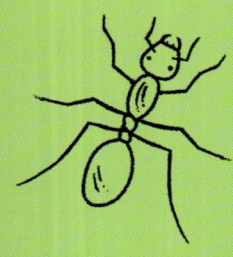

수백, 수천, 또는 수백만 마리의 일개미가 군체의 모든 궂은일을 도맡아 합니다. 일개미들은 알과 애벌레를 돌보고, 먹이를 찾고, 개미집을 짓습니다. 어떤 군체에서는 무시무시한 병정개미가 큼직한 턱으로 적과 맞서 싸웁니다. 날개 달린 수개미는 날개 달린 여왕개미와 공중에서 짝짓기를 해서 새로운 군체를 만들어 갑니다.

많은 종류의 개미가 땅을 파고 흙속에 많은 통로와 방이 있는 집을 짓습니다. 하지만 모래나 죽은 통나무, 나뭇가지나 나뭇잎, 식물 뿌리 안에 집을 짓는 개미도 있습니다. 군대 개미들은 이사할 때 서로서로 들러붙어 여왕개미를 보호할 수 있는 방을 짓기도 합니다.

한줄요약
개미는 사회성 곤충 중에서 가장 큰 군체를 이룹니다.

초군체란 무엇인가?
과학자들은 아르헨티나에 사는 개미의 한 종류가 여러 개의 개미집을 서로 이어서 엄청나게 큰 군체를 이룬다는 사실을 발견했습니다. 이런 개미를 '초군체'라고 하는데, 초군체에는 수백 마리의 여왕개미와 수억 마리의 일개미가 살고 있습니다. 보통 개미들은 다른 군체에 속한 개미를 만나면 싸우기 일쑤지만, 초군체에 속한 개미들은 냄새를 통해 상대가 같은 편이라는 사실을 알 수 있습니다.

한눈에 보는 지식
25 꿀벌과 벌집

세상에 있는 모든 벌이 사회성 곤충은 아닙니다. 어떤 벌은 '독립성'이라 홀로 삽니다. 꿀벌은 거대한 군체를 이루고 사는 가장 유명한 사회성 곤충입니다.

꿀벌의 군체는 여왕벌 한 마리와 수벌 몇몇, 그리고 8만 마리가 넘는 일벌이 함께 사는 경우가 많습니다. 일벌은 모두 암컷이지만 알을 낳을 수 없습니다. 여왕벌만이 할 수 있는 일이지요. 일벌은 벌집을 청소하고, 애벌레에게 먹이를 먹이고, 새로운 방을 만들고, 밖으로 나가 먹이를 구해 옵니다. 정말 많은 일을 하지요. 수벌은 여왕벌과 짝짓기를 해서 새로운 군체를 만듭니다.

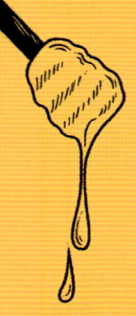

꿀벌은 꽃이 만드는 달콤한 액체인 꽃꿀을 모아 꿀을 만듭니다. 꿀벌은 꽃꿀을 위장 속에 있는 화학물질과 섞은 뒤 벌집에 토합니다. 꽃꿀은 물기가 마르면서 걸쭉하고 끈적끈적해지면서 꿀이 된답니다. 꿀은 꿀벌과 애벌레들의 먹이입니다.

야생 꿀벌은 몸에서 나온 밀랍으로 육각형 모양의 방이 늘어선 벌집을 짓습니다. 각 방에는 알, 애벌레, 꿀을 넣어 둡니다. 하지만 대부분의 꿀벌은 사람이 만든 벌통 안에 육각형 모양의 방을 짓습니다. 사람들은 달콤한 꿀을 얻거나 식물을 재배하기 위해서 꿀벌을 기릅니다. 꿀벌이 이 꽃에서 저 꽃으로 옮겨 다니며 꽃가루를 옮겨 주어야 식물이 열매를 맺기 때문입니다.

한줄요약
꿀벌은 육각형 모양의 방이 늘어선 벌집을 짓습니다.

육각형 모양으로 집을 그려 보세요
육각형을 맞붙인 채 연달아 그려 보세요. 벌집처럼 서로 맞붙여 틈 하나 없이 빽빽하게 그려야 합니다.
꿀벌과 말벌은 모두 육각형 모양으로 방으로 짓습니다. 육각형 모양의 방은 서로 빈틈없이 맞붙는 데다 벽 하나를 양쪽 방에서 함께 쓸 수 있기 때문입니다. 육각형 모양으로 만든 방은 가장 적은 양의 밀랍으로 가장 많은 수의 방을 만들 수 있답니다.

한눈에 보는 지식
26 말벌의 집

노란색과 검은색의 줄무늬가 있는 말벌은 군체를 이루는 사회성 곤충입니다. 이 말벌들은 윙윙거리며 공원이나 숲에서 우리를 괴롭힙니다.

말벌의 집짓기는 어린 여왕벌이 집을 지을 곳을 찾으면서 시작됩니다. 여왕벌은 턱으로 목재를 긁어냅니다. 그런 다음 긁어낸 나무를 침을 섞으며 씹어서 종이를 만들고, 그 종이로 육각형 모양의 방을 만듭니다. 여왕벌은 그 방 안에 알을 낳습니다. 방에서는 새로운 말벌들이 태어납니다.

이 말벌들은 여왕벌이 다시 알을 낳는 동안 집을 짓습니다. 말벌의 집은 여름 내내 너비 1m까지 커집니다. 말벌들은 멀리까지 날아가 달콤한 꽃꿀이나 과일즙을 먹습니다. 하지만 애벌레들은 나방의 애벌레, 파리 등을 먹기 때문에 말벌들은 애벌레들의 먹이도 사냥해 옵니다. 가장 많이 먹는 애벌레는 새 여왕벌들로 자랍니다.

가을이 오면 첫 번째 여왕은 죽고 군체는 무너지기 시작합니다. 말벌의 먹이도 동나는 바람에 심지어 서로를 잡아먹기까지 합니다. 결국 새 여왕벌을 빼고 모든 말벌은 죽습니다. 새 여왕벌은 수벌과 짝짓기를 하고, 안전한 곳에서 봄이 올 때까지 겨울잠을 잡니다.

말벌에 쏘이면 이렇게!

말벌은 사람에게도 무서운 곤충입니다. 심지어 말벌은 침을 여러 번 쏠 수 있습니다. 여러분이나 주변 사람이 말벌에 쏘이면 다음과 같이 행동하세요.

- 옷으로 감싼 얼음을 쏘인 부분에 대어 차갑게 식히세요.
- 알레르기 반응이 일어나진 않는지 살펴보세요.
- 쏘인 사람이 어지러워하거나, 기절하거나, 얼굴이나 혀가 부어오르거나, 피부에 발진이 생기거나, 숨쉬기 힘들어하면 바로 구급차를 부르세요.

한줄요약
군체를 이루는 말벌은 줄무늬가 있으며, 나무를 씹어서 만든 종이로 집을 짓습니다.

대부분의 말벌은
나무에서 긁어낸 나무 조각을 씹어서
만든 종이로 집을 짓는다.

여왕벌은 나무, 땅속 구멍, 다락, 지하실과 같은 안전하고 아늑한 곳을 찾아 집을 짓기 시작한다.

말벌은 집을 지을 종이를 만들기 위해 나무줄기나 나무로 만든 물건에서 나무를 아주 조금 긁어낸다.

말벌은 긁어낸 나무를 침과 함께 씹어서 종이를 만들고, 그것으로 벽을 세운다.

말벌도 꿀벌처럼 육각형 모양의 집을 만들고, 방 안에서 애벌레를 키운다.

말벌은 여왕벌과 애벌레가 먹을 먹이를 잡아 집으로 가져온다.

한눈에 보는 지식
27 흰개미 탑

흰개미는 작고, 몸이 희고 부드러우며, 말랑말랑합니다. 게다가 어떤 흰개미는 앞을 전혀 볼 수 없습니다. 그래서 흰개미 혼자서는 많은 일을 할 수 없습니다. 군체를 이루어야 많은 일을 할 수 있습니다. 함께 집을 짓고, 여왕을 지키고, 먹이도 직접 재배하지요.

큰 개미탑을 세우는 흰개미는 주로 아프리카, 오스트레일리아, 남아메리카, 아시아에 서식합니다. 그중 가장 유명한 흰개미는 서아프리카에 서식하는 벨리코수스흰개미입니다. 벨리코수스흰개미는 사람의 집보다 높은 탑을 쌓습니다. 탑을 쌓는 데는 오랜 시간이 걸리지만, 개미들은 이 탑에서 10년 이상 살기도 합니다. 수백만 마리의 흰개미가 탑에서 함께 지낼 때도 있습니다.

일꾼 흰개미는 자신의 침과 똥을 섞은 진흙과 흙으로 탑을 쌓습니다. 탑의 바깥쪽 벽은 내리쬐는 햇볕에 바짝 말라 단단해지기 때문에 침입자들의 습격에도 쉽게 무너지지 않습니다. 탑의 안쪽 벽은 따뜻하고 축축해서 흙으로 된 방이나 통로를 여러 번 새로 만들고, 모양을 고칠 수 있답니다.

흰개미는 먹이를 위해 죽은 식물을 모아 개미집 안으로 가져옵니다. 식물을 그대로 먹는 흰개미도 있습니다. 하지만 다른 흰개미들은 식물을 씹은 뒤에 똥을 섞고 그 위에 균류를 키워서 먹습니다.

한줄요약
어떤 흰개미는 언덕처럼 거대한 탑을 쌓습니다.

흰개미 폭발!
많은 동물이 흰개미를 먹이로 삼습니다. 그래서 흰개미들은 적을 쫓아낼 수 있는 영리한 방법을 여럿 가지고 있습니다.
어떤 흰개미는 엄청나게 빠른 속도로 똥을 내뿜습니다. 또한 과학자들은 남아메리카에서 스스로 폭발하는 흰개미도 발견했습니다! 나이 든 일꾼 흰개미는 독성이 있는 푸른색의 화학물질을 등에 지고 다닙니다. 이 흰개미들은 군체를 지켜야 할 때는 등에 지고 있던 독을 터뜨려서 적에게 뿌리고 죽습니다.

서아프리카 벨리코수스흰개미는
여러 계급으로 나뉘어 있다.
그중 일꾼이 가장 많다.

일꾼개미

집 짓기, 여왕과 애벌레
돌보기, 먹이 찾으러 가기 등
온갖 일을 한다.

여왕개미
여왕 흰개미는 가장 크고
무거운 곤충으로 알려져 있다.
평생 알만 낳는다.

병정개미

병정개미는 일꾼개미보다
몸집이 훨씬 크다. 큼지막한
턱으로 적과 싸우고
일꾼 흰개미를 보호하는
일을 한다.

왕이 있는 흰개미도 있다.
여왕과 짝짓기를 하는 왕은
여왕과 함께 특별한
방에서 산다.

곤충과 인간

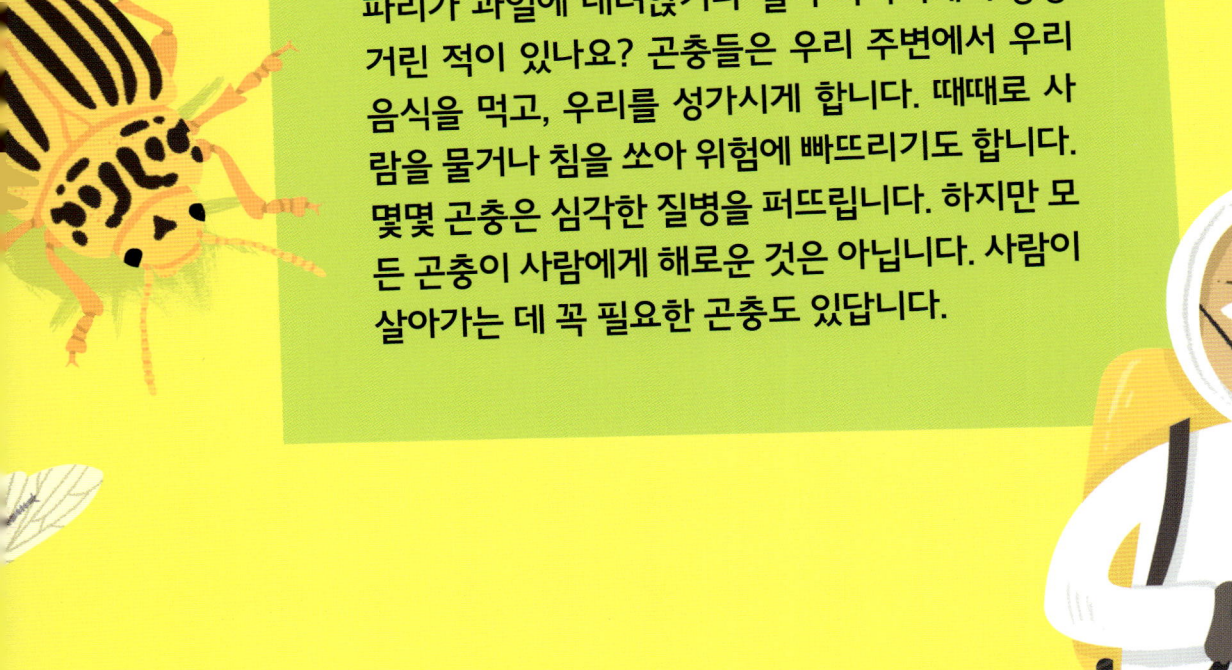

파리가 과일에 내려앉거나 벌이 가까이에서 붕붕거린 적이 있나요? 곤충들은 우리 주변에서 우리 음식을 먹고, 우리를 성가시게 합니다. 때때로 사람을 물거나 침을 쏘아 위험에 빠뜨리기도 합니다. 몇몇 곤충은 심각한 질병을 퍼뜨립니다. 하지만 모든 곤충이 사람에게 해로운 것은 아닙니다. 사람이 살아가는 데 꼭 필요한 곤충도 있답니다.

곤충과 인간
읽기 전에 알아두기

군비 곤충 따위가 큰 무리를 지어 날거나 이동하는 현상.

수분 꽃의 수술에서 암술로 꽃가루가 이동하는 과정. 수분이 이루어지면 꽃은 씨앗을 맺고 번식할 수 있다.

알레르기 반응 곤충에 쏘이거나 물렸을 때 곤충 독과 같은 물질에 몸이 일으키는 거부 반응. 발진이나 두드러기가 일어나고 몸이 부으며 심할 때는 숨을 쉬기가 힘들어진다.

익충 인간에게 도움을 주고 인간의 삶에 중요한 곤충. 예를 들어 꿀벌은 작물이 열매를 맺도록 꽃가루를 옮기고, 청소 곤충은 죽은 것들을 깨끗하게 치워 병균이 퍼지는 걸 막는다.

작물 옥수수, 감자, 벼처럼 식량으로 삼기 위해 농부들이 대량으로 키우는 식물.

종 서로 짝짓기를 하고 번식할 수 있는 같은 종류의 동물 무리를 과학적으로 일컫는 말.

천공성 곤충 나무와 식물 안에 구멍이나 통로를 뚫는 곤충의 성충과 애벌레.

포자 균류가 번식하기 위해 만드는 작은 단세포 생물. 이후 새로운 균류로 자란다.

해충 작물, 식물, 동물, 그리고 사람에게 피해를 입히는 곤충.

한눈에 보는 지식
28 해로운 곤충

우리는 곤충과 함께 살고 있습니다. 곤충은 사람보다 훨씬, 굉장히, 엄청나게 많습니다. 곤충은 모두 먹이와 집이 필요하고, 이 때문에 우리에게 피해를 주는 곤충도 많습니다.

농부들이 논밭에서 농작물을 재배할 때, 곤충들도 논밭으로 몰려듭니다. 논밭에는 곤충들이 좋아하는 신선한 먹이가 널려 있기 때문입니다. 곤충들은 자기가 좋아하는 곡물이나 채소에 붙어서 삽니다. 콜로라도감자잎벌레는 감자나 토마토 등을 먹어 치웁니다. 목화바구미는 목화의 꽃봉오리를 먹어 치워, 몽실몽실 솜뭉치를 만들 수 없게 합니다.

아프리카에 서식하는 체체파리는 소, 말, 돼지의 피를 빨아서 먹습니다. 이 곤충은 수백만 마리의 동물에게 질병을 퍼뜨려 시름시름 앓게 하거나 죽게 만들 수 있을 정도로 무섭습니다.

사람의 집에 사는 집파리, 말벌, 바퀴벌레는 먹을 수 있는 것이라면 뭐든 먹어 치웁니다. 흰개미나 왕개미는 나무 기둥이나 서까래를 비롯해서 집 안에 있는 나무를 갉아 먹습니다. 벼룩, 빈대, 머릿니는 우리를 가렵게 합니다. 야외에서 등산이나 캠핑을 할 때는 산숲모기를 조심해야 합니다.

한줄요약
곤충 중에는 사람에게 피해를 주는 해충도 있습니다.

모기에 물리지 마세요!
캠핑하거나 등산을 즐길 때는 다음과 같은 방법으로 우리를 귀찮게 하는 산숲모기를 피하세요.

- 밝은색 옷을 입으세요. 산숲모기는 어두운색을 좋아합니다.
- 마늘을 먹으세요. 산숲모기는 마늘 냄새를 싫어합니다.
- 그늘 말고 햇볕 속에 있으세요. 산숲모기는 어두운 곳을 좋아합니다.
- 산숲모기가 공격하면 부채를 부치세요. 산숲모기는 바람을 싫어합니다.
- 몸에 자외선 차단제나 로션을 바르면 산숲모기를 막을 수 있습니다.

밭에서는 농작물을 재배하는 농부와 농작물을 먹는 곤충 사이에 끊임없는 전투가 일어난다.

농부가 콜로라도감자잎벌레를 막기 위해 특별한 균류의 포자를 뿌리고 있다.

~~감자를 캘 때가 다가왔다. 그런데 콜로라도감자잎벌레와 그 애벌레가 감자 잎을 먹어 치우고 있다.~~

검은색 점이 박힌 붉은 애벌레는 잎을 먹어 치워 작물에 심각한 피해를 일으킨다.

노랗고 줄무늬가 있는 성충은 잎을 우적우적 먹으며 그 위에 많은 알을 낳는다.

딱정벌레의 한 종류인 이 곤충은 콜로라도감자잎벌레의 알과 애벌레를 먹으며 콜로라도감자잎벌레의 수를 조절한다.

한눈에 보는 지식
29 위험한 곤충

작은 곤충이 사람을 죽일 수 있을까요? 모든 곤충은 아니지만 사람을 죽일 수 있는 곤충도 여럿 있습니다.

장수말벌은 우리가 가장 조심해야 할 곤충 가운데 하나입니다. 우리나라, 일본, 대만 등에 사는데, 몸길이가 무려 5cm까지 자랍니다. 장수말벌의 침에 쏘이면 정말이지 고통스럽습니다. 장수말벌 여러 마리가 한꺼번에 달려들어 사람을 찌르면 목숨까지 잃을 수 있습니다.

보통 크기의 말벌과 꿀벌도 사람에게 위험하기는 마찬가지입니다. 말벌과 꿀벌의 침에 찔리면 알레르기 반응이 일어나는 사람도 많습니다. 수많은 꿀벌들에게 한꺼번에 쏘이면 매우 위험합니다.

거대한 남아메리카 산누에나방의 애벌레는 끝이 갈라진 바늘처럼 생긴 털이 숭숭 돋아나 있습니다. 이 애벌레는 자신을 건드리기만 하면 누구든 간에 바로 털을 쏘아 버린답니다. 이 애벌레의 독은 아주 강하기 때문에 털에 쏘여 죽는 사람도 있습니다.

사람에게는 사람을 물거나 피를 빨면서 병을 퍼뜨리는 곤충이 가장 위험합니다. 오래전에 벼룩은 흑사병을 퍼뜨려 수백만 명의 사람을 죽게 했습니다. 모기는 지금도 말라리아나 황열병과 같은 질병을 퍼뜨리며 수천 명의 사람을 고통스럽게 만든답니다.

한줄요약
곤충 중에는 사람의 목숨을 위협하는 무서운 곤충도 있습니다.

새로운 곤충 상상하기

과학자들은 해마다 새로운 곤충을 수백 종씩 찾아내고 있습니다. 지금까지 발견되지 않은 새로운 곤충들은 어떤 모습을 하고 있을까요? 곤충의 모습을 자유롭게 상상하여 그려 보세요.
곤충 그림을 그릴 때 얼마나 큰지, 어떻게 포식자를 피할 것인지, 날 수 있는지, 무엇을 먹는지 등을 상상하면서 곤충의 모습을 그려 보세요. 그리고 여러분이 그린 새로운 곤충의 이름을 지어 보세요.

다음은 세상에서 가장 위험한 곤충이라고 알려져 있는 것들이다. 어떤 곤충이 가장 위험할까?

50mm

장수말벌은 세계에서 가장 큰 말벌이다. 그리고 장수말벌이 쏘는 침은 모든 곤충 가운데 가장 아프다.

대부분의 꿀벌은 온순한 곤충이다. 하지만 꿀벌의 한 종류인 살인벌은 떼를 지어 공격한다.

18mm

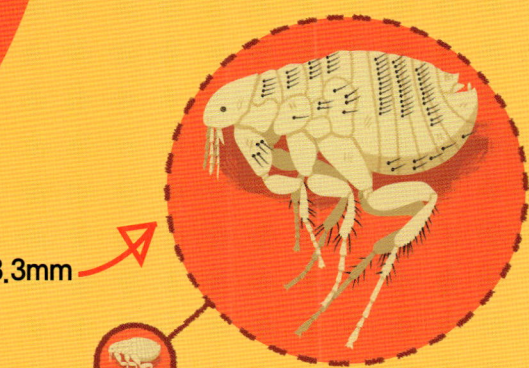

3.3mm

벼룩은 물려도 위험하지 않지만, 사람에게 나쁜 병균을 옮긴다.

55mm

남아메리카에 사는 산누에나방의 애벌레 털에 쏘이면 매우 위험하다. 이 애벌레의 가시 같은 털에는 곤충 중에서 가장 무서운 독이 있다.

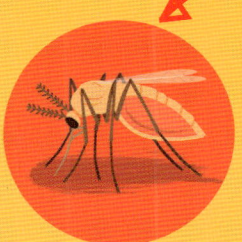

16mm

평소에 학질모기는 크게 위험하지 않다. 하지만 학질모기가 퍼뜨리는 병원균은 사람에게 매우 위험한 말라리아 등을 일으킨다.

한눈에 보는 지식
30 이로운 곤충

어떤 곤충은 사람에게 아주 중요합니다. 이 곤충이 사라지면 우리에게 큰 재앙이 닥칠지도 모릅니다!

사람에게 가장 도움을 주는 곤충은 꿀벌입니다. 사람들은 꿀벌에게서 꿀과 밀랍을 얻습니다. 또한 꿀벌은 수많은 농작물을 수분시켜 줍니다. 꿀벌이 꽃과 꽃을 오가며 꽃가루를 옮기는 덕분에 사과, 배, 딸기, 호박 같은 농작물에 맛있는 열매가 열릴 수 있는 거랍니다.

사람에게 쓸모 있는 물질을 만들어 내는 곤충들도 있습니다. 니스, 가구 연마제, 페인트, 염료, 식품용 광택제의 재료인 셸락은 락깍지벌레가 만듭니다. 락깍지벌레는 부드럽고 반짝이는 셸락으로 자신들의 알을 덮습니다. 사람은 수천 년 동안 누에나방을 기르며 애벌레가 번데기가 되는 과정에서 만드는 고치에서 실을 뽑아냈습니다. 이 실로 짠 천을 비단(실크)라고 하는데, 예전에는 귀족이나 입을 수 있는 귀한 천이었습니다.

또한 곤충은 자연을 지켜 주는 위대한 청소부입니다. 개미, 딱정벌레, 쇠똥구리, 송장벌레, 집게벌레, 그리고 그 밖의 곤충은 동물의 똥과 사체, 죽은 식물을 먹습니다. 이 곤충들 덕분에 땅은 깨끗해지고 동식물의 사체와 똥은 흙으로 돌아갈 수 있습니다.

한줄요약
누에나방, 락깍지벌레, 꿀벌 등은 사람에게 도움을 주는 곤충입니다.

꿀벌을 지키자

꿀벌의 수는 날이 갈수록 줄어들고 있습니다. 하지만 다음과 같은 방법으로 꿀벌을 지켜낼 수 있답니다.

- 꿀벌의 먹이인 꽃꿀과 꽃가루를 만드는 꽃을 심습니다.
- 달콤한 꿀을 사서 양봉업자를 도울 수 있습니다.
- 꿀벌이 너무 가까이에서 날아다닌다고 해도 때려잡지 마세요! 큰 소리를 내지 말고 가만히 있으면 벌은 알아서 날아갑니다.

지식 플러스
우리나라에서 볼 수 있는 곤충들

호랑나비
봄에 부화한 애벌레는 풀을 먹고 살다가 초여름에 번데기를 거쳐 나비가 된다. 여름철 도시공원이나 풀밭에서 날아다니는 성충을 볼 수 있다. 검은색, 노란색, 파란색이 어우러진 크고 화려한 날개가 특징이다.

작은멋쟁이나비
우리나라 전 지역에 사는 나비로 검은색의 앞날개와 주황색의 뒷날개에 모두 점박이 무늬가 있다. 주로 산이나 늪지에 살지만, 도시에서도 쉽게 찾아볼 수 있다. 봄부터 가을까지 계속해서 성충을 볼 수 있으며, 겨울도 성충 상태로 지낸다.

배추흰나비
밭, 공원, 풀밭 등 주변 어디에나 있는 하얀 나비다. 번데기 상태로 겨울을 나고 성충은 봄부터 가을까지 볼 수 있다. 애벌레는 밭의 작물을 갉아먹어 해충으로 분류되기도 한다.

잠자리
다양한 잠자리가 우리나라 전 지역에 살고 있다. 늦여름부터 가을까지 하늘을 나는 모습을 볼 수 있다.

매미
우리나라의 매미는 보통 3~7년간 땅속에서 살다가 초여름에 나무로 올라와 허물을 벗는다. 도시에서 우는 매미는 주로 참매미와 말매미다. 그 밖에 애매미, 유지매미, 쓰름매미 등도 찾아볼 수 있다.

꿀벌
봄철 도시공원이나 과수원에서 날아다니는 꿀벌은 꽃의 꽃가루를 옮겨 수분시키는 귀중한 존재다. 점점 수가 줄어들어서 일부러 도시의 건물 옥상에 벌통을 만들어 두기도 한다.

호박벌
봄에서 여름에 걸쳐 도시공원이나 풀밭의 꽃에 자주 나타난다. 몸이 짧고 배가 통통하기 때문에 꿀벌과 쉽게 구분할 수 있다. 날개가 아주 작은데도 굉장히 빠른 속도로 날개를 퍼덕이며 하루에 최고 200km까지 날 수 있다.

장수말벌
몸길이가 5cm 이상으로 자라는 장수말벌은 우리나라에 사는 곤충 가운데 가장 무서운 포식자에 속한다. 보통 땅속이나 나무에 집을 짓지만, 사람이 사는 곳에 커다란 집을 만들기도 한다. 장수말벌에 쏘이면 바로 병원에 가야 한다.

사마귀
여름철 풀숲에서 쉽게 볼 수 있다. 낫처럼 생긴 날카로운 앞다리와 세모 모양의 머리가 특징이다. 주로 다른 곤충을 잡아먹고 사는 포식자지만 생김새와 달리 사람에게는 해를 끼치지 않는다.

메뚜기
여름과 가을에 풀숲이나 밭에서 쉽게 볼 수 있다. 여름철 메뚜기는 초록색을 띠는 반면, 가을의 시든 풀숲에 사는 메뚜기는 갈색을 띠는 경우가 많다. 우리나라 메뚜기의 경우 떼로 날아들어 농작물을 먹지는 않는다.

귀뚜라미
도시와 숲을 가리지 않고 산다. 초가을에 짝을 찾는데, 밤마다 땅에 붙어 날개를 재빠르게 비비며 아름다운 소리로 노래한다.

무당벌레
풀숲이나 밭에서 찾아볼 수 있다. 봄철에는 무섭게 생긴 애벌레 상태로 돌아다니지만, 여름이 오기 전에 점박이 무늬가 귀여운 성충으로 변한다. 성충과 애벌레 모두 진딧물을 잡아먹어 농사에 도움을 준다.

진딧물
풀숲의 풀줄기를 자세히 보면 진딧물 여러 마리가 우글대는 모습을 관찰할 수 있다. 풀줄기의 수액을 빨아먹어 풀을 말려 죽이는 해충에 속한다.

지식 플러스
우리나라에서 볼 수 있는 곤충들

개미
몸집이 크고 까만 개미는 주로 화단이나 풀숲의 바닥에서 볼 수 있다. 집 안에서 무리 지어 사는 작고 붉은 집개미는 사람을 물 수도 있으니 조심하자.

집게벌레
몸길이는 1~2cm 정도고 꼬리 끝에 한 쌍의 집게가 달려 쉽게 알아볼 수 있다. 보통 집 밖의 땅속에서 살지만, 싱크대 아래나 벽 틈에서도 자주 나타난다. 징그러운 생김새와 달리 다른 해충을 먹거나 집 안의 쓰레기를 치워 주는 이로운 곤충이다.

바퀴벌레
싱크대 밑, 부엌 찬장, 가구 뒤, 집과 집 사이의 벽 속 등 조그만 틈이 있으면 어디든 들어가 살 수 있다. 우리나라에 주로 사는 바퀴는 독일바퀴, 일본바퀴, 먹바퀴, 미국바퀴 등이다.

모기
1cm 정도로 작지만, 날개를 아주 빠르게 퍼덕이며 날아다닌다. 알을 낳을 때가 된 암컷은 사람이나 동물의 피를 빨아서 영양분을 얻는데 이때 피가 굳지 않도록 몸속에 집어넣는 물질 때문에 물린 자리가 가렵고 부어오른다.

집파리
먹다 남은 음식물이나 쓰레기통의 썩은 음식물에 날아들어 음식물을 먹고 알을 낳는다. 집파리 자체는 문제가 없지만, 집파리가 여러 음식물을 옮겨 다니는 과정에서 병균을 옮길 수 있다.

반딧불이
맑은 물이 흐르는 개울이나 호숫가에서 살며 밤이면 배 끝에서 반짝이는 빛을 내 짝을 찾는다. 애벌레는 물속에 살며 다슬기와 같은 물속 생물을 잡아먹는다. 자연이 잘 보존된 지역에서만 찾아볼 수 있다.

사슴벌레
몸집이 큰 딱정벌레로 밤에 활동하는 야행성 곤충이다. 마치 사슴뿔처럼 길게 자라난 앞턱으로 수컷끼리 싸우는 습성이 있다. 나무의 수액을 좋아하기 때문에 한밤중에 상처가 난 나무줄기를 둘러보면 발견할 수 있다.

땅강아지
땅속 나무뿌리 옆에서 주로 산다. 눈이 잘 보이지 않기 때문에 대낮에 땅 위로 나오는 경우는 거의 없다. 배의 노를 닮은 커다란 앞다리가 특징이다.

밤바구미
작고 날씬한 딱정벌레로 나무에 열리는 견과류나 열매에 알을 낳는다. 그 속에서 부화한 애벌레는 주변을 파먹은 뒤 밖으로 나와 성충이 된다. 주로 밤에 알을 낳기 때문에 이름에 '밤'이 붙었다.

물방개
최대 4cm까지 자라는 큰 곤충이다. 유선형의 몸을 어두운색의 긴 날개가 덮고 있다. 연못이나 개울에 살며 물속의 작은 곤충부터 물고기까지 닥치는 대로 잡아먹는 무서운 포식자다.

쇠똥구리
소나 말 같은 몸집이 크고 풀을 먹는 포유동물의 똥을 먹고 살기 때문에 농촌에서 산다. 하지만 멸종위기종이라서 자연에서 찾아보긴 어렵다.

정답

12쪽
- 모기 (○) · 타란툴라 (×) · 반딧불이 (○)
- 달팽이 (×) · 집먼지 진드기 (×) · 벼룩 (○)
- 나방 (○) · 전갈 (×) · 쥐며느리 (×)

32쪽 1부터 30 사이에는 10개의 소수가 있습니다.
2, 3, 5, 7, 11, 13, 17, 19, 23, 29

초등학생을 위한 지식습관 7
곤충 30

글 | 애나 클레이본 그림 | 웨슬리 로빈스
옮김 | 김은영 감수 | 이정모

1판 1쇄 인쇄 | 2022년 8월 16일
1판 1쇄 발행 | 2022년 9월 13일

펴낸이 | 김영곤
이사 | 은지영
영상사업1팀 | 김종민
아동마케팅영업본부장 | 변유경
아동마케팅1팀 | 김영남 황혜선 황성진 이규림
아동영업1팀 | 이도경 오다은 김소연 **아동영업2팀** | 한충희 강경남 오은희
편집 | 꿈틀 이정아 이정화 **북디자인** | design S 손성희 **제작 관리** | 이영민 권경민

펴낸곳 | (주)북이십일 아울북
등록번호 | 제406-2003-061호 **등록일자** | 2000년 5월 6일
주소 | 경기도 파주시 회동길 201(문발동) (우 10881)
전화 | 031-955-2128(기획개발), 031-955-2100(마케팅·영업·독자문의)
팩시밀리 | 031-955-2421
브랜드 사업 문의 | license21@book21.co.kr
이미지 | 셔터스톡 92, 93, 94, 95 OPEN 국립생물자원관 92, 93, 95

ISBN 978-89-509-0390-9
ISBN 978-89-509-1290-1 74370(세트)

Insects in 30 Seconds
Text: Anna Claybourne, Illustrations: Wesley Robins
Copyright © 2015 Quarto Publishing plc
First published in the UK in 2015 by Ivy Kids, an imprint of The Quarto Group.
All rights reserved.

Korean translation © 2022, Book21
This edition is published by arrangement with Quarto Publishing plc through KidsMind Agency, Korea.
이 책의 한국어판 저작권은 키즈마인드 에이전시를 통해 Quarto Publishing plc와 독점 계약한 북이십일에 있습니다.
신 저작권법에 의해 한국 내에서 보호를 받는 저작물이므로 무단전재와 복제를 금합니다.

· 잘못 만들어진 책은 **구입하신 서점**에서 교환해 드립니다.

- 제조자명: (주)북이십일
- 주소 및 전화번호: 경기도 파주시 회동길 201(문발동) / 031-955-2100
- 제조연월: 2022. 9. 13.
- 제조국명: 대한민국
- 사용연령: 3세 이상 어린이 제품

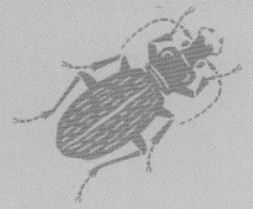

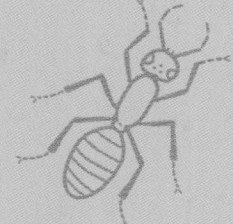
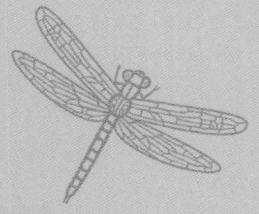

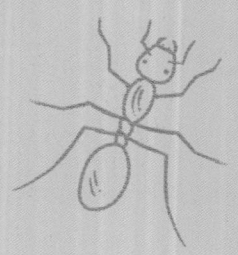

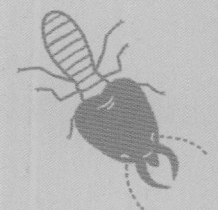

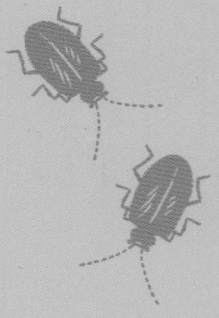